埼玉県立浦和高校
人生力を伸ばす浦高の極意

佐藤 優　杉山剛士

講談社現代新書
2470

はじめに

私、佐藤優は1975年4月に埼玉県立浦和高等学校に入学、78年3月に卒業した。高校在学中、高校卒業当時はあまり意識することはなかったが、作家として、そして同志社大学神学部をはじめとする複数の大学で教鞭をとるうちに、浦和高校のような地方の伝統校には教育上の深い知恵がいろいろと詰まっているのではないかと思うようになり、機会があれば、自分の経験や意見を一冊の書物にまとめてみたいと考えていた。

2015年9月に母校の生徒たちの前で講演を行ったのを契機に、浦高生（浪人生を含む）、PTA役員、教師陣との交流が始まり、メールや懇談などを通じて意見交換をするうちに、浦高教育の優れた点や残された課題が明確になってきた。これらの事柄について約2年間をかけてまとめあげたのが本書である。

本書のテーマを煎じ詰めて言うならば、「高校時代の生き方・学び方」「大学受験」「卒業後の人生」全般に関する極意についてである。

浦和高校での講演や杉山剛士《たけし》校長との対談などがベースになっているため、基本的には母校の話が多いが、書籍化にあたっては浦和高校の生徒や保護者だけではなく、全国の高校生・浪人生やその保護者、とくにお母さん方の参考にもなるような加除修正を心がけた。世界で通用するために身につけておくべき分野は何か、なぜ文系は数学を、理系は世界史をしっかりと勉強しなければいけないのか、より効率的で実践的な勉強法にはどういうものがあるか——といった学習全般に関する話から、浪人は何浪までしてもよいのか、海外留学にはどの程度の資金が必要か、心身に不調をきたした場合はどうすべきか、タフな時代を生き抜くのに本当に役立つ能力とは何か——などといった、受験産業が教えてくれないような話まで率直に記している。

なお、時間が不足しがちな高校生、受験生、浪人生でも2時間以内で読むことができて、前述したエッセンスを効率的に会得できる本を目指したこともあり、私自身の高校生時代については最小限の記述となっている。そのあたりに興味がある方は、浦高時代についても触れた著書『私のマルクス』(文春文庫)、『先生と私』(幻冬舎文庫)、『十五の夏』(幻冬舎)を併読していただきたい。

「公立高教育」の重要性

本書でとくに強調しておきたかったことは2点ある。

一点目は「総合知」の重要性だ。東大合格者の出身校ランキングなどを見ると、最近になって急に名前が登場したような高校がいくつかある。しかし、このような学校の多くは生徒の進学先を、適性とは関係なしに早期から振り分け、受験科目以外の勉強は捨てさせるような態勢を採っている。高校レベルの知識に欠損のある状態で世に出たところで社会で活躍するのは甚だしく困難だ。やはり時間をかけてでも、すべての科目を学ばせる、大学でしっかりと学ぶために、総合的な教養の礎＝総合知を高校時代に築いておくことはとても重要なことだと考える。

もう一点は、浦和高校のような地方の県立高校は、いわゆる「経済格差＝教育格差」というテーゼに対するアンチテーゼになりえるのではないかという視点である。２０１２年に東京大学が実施した調査では「東大生の親の約60％が世帯年収９５０万円以上」という結果が出て話題になったが、周知のとおり、教育の高額化の傾向はますます進んでいる。

一部の有名私立進学校に富裕層の子女しか通えないようになっている現状に対して、浦和高校のような、一定の学力があれば経済環境とは関係なく入学・学ぶことができる公立高校の重要性は「機会の平等」という側面からもっと積極的に論じられるべきだと思う。

２０２０年度からはセンター試験に替わって新テスト（大学入学共通テスト）が始まる。本書でも論じているが、国語と数学に記述式が加わり、英語は外部委託の方向で話が進んでいる。この流れは「受験生の学力を測る」「高校生の授業内容をより深い内容にする」という意味では概ね正しく、施行後、10年ほどで高スペックの大卒者の数が増えるだろう。だが、それは裏返せば、いまの高校生、大学生、20～30代の社会人にとって強力なライバルが出現するということでもある。

これからの激動の受験時代をどう乗り越え、生きていくべきか――その点を真剣に考えるすべての人に本書を読んでほしい。

目次

第４章

第1章

世界のどこかを支える人になろう
ほんとうのエリートとは何か

埼玉県立浦和高等学校は、1895年（明治28年）、埼玉県立第一尋常中学校として創立。2015年には創立120周年を迎えた。

＊本章は、2015年9月30日、生徒の前で行われた講演を再構成したものです。

「受験刑務所」の正体

佐藤優です。今日の講演は「エリートの条件」という、少しいやらしいタイトルを付けてみました。ここで言うエリートとは「良い大学を出ている優秀な人間」という意味ではなくて、本物の教養を身につけ、将来、世界のどこかを支える、しっかりと社会に貢献できる人材のことです。ほんとうの意味でエリートを育てる教育って何だろう、大学受験やその後の自分の将来についてどう考えたらいいんだろう、という話をしていきたいと思っています。

たとえば、東大や国公立大学医学部への進学率が高い全寮制の中高一貫校がありますよね。ここだけの話だけど、ああいう学校の一部の実態は「受験刑務所」だからね（笑）。学校が3時に終わって5時までは課外活動の時間なのですが、宿舎には9時まで入れません。その間は自習室で勉強していなければならない。そういうふうにして受験勉強を徹底してやらせる、その習慣を身につけさせるんですね。だから、あれは私に言わせれば、カトリックの神学校のやり方をそのまま導入した「受験刑務所」なんです。

あるいは、最近になって急に東大・早稲田・慶應への合格者数が伸びているような私立の中高一貫校がいくつかあるでしょう。ああいうところの中にも実は「教育」という観点からは、あまり良くない学校がある。なぜか。一人ひとりの生徒の将来よりも、「どの大学に生徒を何人入れたか」ってことが学校にとって最大の目的になっているからです。それだから本人の適性とはまったく関係なしに、中学の1～2年生ぐらいのところで「コイツは、ちょっと数学が弱そうだな」と判断したら、そのまま文系に決めてしまう、数学や物理は捨てさせて国語と英語に特化させて早慶を狙わせる、なんてことを平気でするわけです。医者として適性がありそうかどうか、などということは考えずに、成績が優秀なら ば「君は医学部へ行きなさい」と医学部へ送り込む。

でも、考えてみてください。それでその生徒は本当に将来、幸せになれるでしょうか。

優秀と適性は別

私の知り合いで東大の理Ⅲ、医学部から外務省に入省した人がいます。その人はどうして理Ⅲに入ったかというと、とにかく成績が優秀なので、目の前にある試験＝少しでも高い山を登っていくっていうことを一生懸命やったら、最高峰の東大理Ⅲに受かったわけです。ところが東大の3年生になっていざ医学部に進学した時に、彼は突然気付くんですね。「オレ、人間の血を見るのが大嫌いなんだ」って(笑)。血が嫌いな上に、人とのコミュニケーションが苦手だから患者と話をするのも嫌い。そこで「どうしたらいいだろう」って親と相談したわけです。そうしたら親が、「外交官になるなら許してやる。それ以外はダメだ」と。それで外務省の試験を受けて外交官になったというのです。彼ぐらいの成績の人であれば外務省の試験ならば簡単に受かりますからね。でも、その人はその後幸せだったでしょうか? 人と話すのが苦手だから、優秀でも大きな仕事は任されなかった。結局、本省の小さな課の課長をやって、小国の大使でキャリアを終えました。本人は「医者にならなくて本当に良かった」と喜んでいました。この人は文学や哲学の能力が高かったから、もし文学部に進んでいたら、よい学者になっていくつも業績を残していたと思います。

いまの日本の教育は「勉強が嫌いになる」システム

基本的にいまの日本の教育というのは、受験との絡みでいうと、勉強が嫌いになるシステムになっています。というのは、本当は70点分わかっていればいいことを、95点取らせるためにむりやり努力させるから。埼玉県の高校入試問題なんて完全にそうでしょう。あれは公務員試験の問題にとてもよく似ています。つまり、記憶力のいい人間、再現力のある人間を選抜・養成するようにできているんですね。基本書を1冊か2冊に絞って、その内容を暗記して、理解できているかできていないかに関わりなく、60分なり90分なりの試験によって競わせる。高校入試の場合、大学入試の場合、司法試験の場合、基本はどれもその中身を再現させる試験です。私立武蔵高校のような、知識だけでなく、事柄の本質をきちんと理解していないと解けないようなタイプの入試問題とは明らかに違っています。

もっと言えば、これは後進国の官僚の養成のスタイルなんですね。つまり、日本が後進国だった時代の官僚登用試験の名残です。明治維新が始まって、当時の日本は急いで警察署長や税務署長や外交官といった近代国家を支える「エリート」を量産する必要がありました。明治維新政府というのは、幅の広い教養よりも、とにかく記憶力さえよければ出世できるっていう仕組みで、これがいわゆる官僚制度だったんですね。残念ながら、その惰性がいまでも続いているわけです。

この中には、いま、試験の成績が伸び悩んでいる人もいるかもしれませんが、それは学力や努力の仕方の問題もあるかもしれないけれども、それ以上に現行の試験制度に対する適性の問題があるかもしれません。まずはこの点をしっかり頭に入れておいてほしいのです。

エリートは一種類ではない

どの社会においてもエリートは必要だし、実際にエリートはいます。ただし、官僚エリートとして優秀な人、学術エリートとして優秀な人、企業の研究開発者で優秀な人、あるいは埼玉県の県庁や地方行政で優秀な人など、一口にエリートと言ってもみんな適性が違います。それだからイギリスとかドイツとか、あるいはロシアなどでも、外国では「エリートの棲み分け」というのをやっているわけです。それでお互いを尊重しあう。

では日本はどうかというと、戦前はこうしたエリートの棲み分けをやっていました。ご存じかもしれませんが、戦前の日本には3つのエリート養成の流れがあった。1つ目のコースは通常の中学から高校を出て大学に行くコース。いま皆さんが歩んでいるコースと同じです。2つ目は軍人のコース。このコースは貧しい家の子どもがエリートに進めるコースでもありました。そして3つ目は、軍人にはなりたくないけど、経済的にあまり状態がよくない、しかし優秀な子の場合には師範学校、つまり学校の先生になるというコースがありました。師範学校は、授業料免除の上に給与が出た。それで旧制東京文理科大学、いまの筑波大学ですが、そこを頂点とするもう一つのネットワークがありました。当時の東京文理科大学は東京大学と並ぶようなエリート養成機関で、これに軍人のエリート養成機関である陸軍大学校、海軍大学校を中心としたもう一つの流れもあって、全部で3つぐらいのエリートに流れを分けてきたという経緯があります。

ところが戦後、そのエリート養成システムをGHQが組み替えました。つまり、われわれは、このGHQ改革の産物とも呼べる存在なんです。

講談社文庫から出た『秘話　陸軍登戸《のぼりと》研究所の青春』という本があります。今は絶版になっていますが、この本には、おおよそこんなことが書いてあります。戦争政策を遂行させるために中学生の段階で特に理数系に才のある生徒だけを集めて、東大・京大に特待生で入れて、17歳までに大学院の課程を終わらせて、大学教授と同じぐらいの水準にするっていう、こういう特進コースがあった。それで、その生徒たちをどうするかというと、陸軍登戸研究所のような、戦争のための特殊な研究をさせる研究所に入れるわけです。彼らが研究するのは、偽札づくり、それからいまのレーザー光線です。当時は「殺人光線」と言いましたが、高度1万メートルの上空にいるB29をレーザーで墜落させる計画だったらしい。

余談ですが、登戸研究所で製作された最高傑作といえる兵器は「風船爆弾」でした。この風船爆弾、どういう戦い方を意図して開発されたものかわかりますか? 本当は爆弾ではなく、生物兵器を積むことを考えていたんです。結局、こんにゃく糊で和紙に張った風船爆弾を1万発ぐらいアメリカに送り込むのですが、そのうち1000発ほどがアメリカの領内に落ちています。もしも風船爆弾に爆弾ではなく、生物兵器を積んでいたら、それこそ原子爆弾に匹敵するぐらいの大変な、歴史的な戦争犯罪として記録されたと思います。

教育改悪の戦犯はGHQだった

本題に戻ります。これもやはり『陸軍登戸研究所の青春』に書いてあるんですが、戦後まもなく、主人公のところに、研究所時代の同僚で敗戦後はGHQと仕事をしていた人物から連絡があった。その元同僚によると「日本が世界を敵に回して戦争を始めたのは戦前の日本の教育水準が高すぎたからではないかと、アメリカの占領軍は考えている、だから教育水準をひと回り落とすことをＧＨＱでは検討しているようだ」と、そう言うのですね。具体的には、大学で学ぶカリキュラムを従来の高校程度の内容に、高校では従来の中学程度の内容に、といった具合に、教育の水準を一段階ずつレベルダウンさせれば、軍事力で日本が再びアメリカに挑むことはできないだろう——と、こういうくだりがあるのですが、戦後、高校生たちを早い時期から文系と理系に分けるとか、薄っぺらな教科書で学ぶようになったというのは、やはり戦後の占領政策と関係しているのではないかと私も思います。

荒川、つまり埼玉県と東京都の都県境を境としてＧＨＱの政策が変わっています。荒川より北のほうの担当だったＧＨＱの担当官は、日本の戦前の教育システムにも比較的いいものが残っているという考え方でした。それだから、いわゆる公立のトップ校に関しては戦前の男女別学方式をそのまま残したんです。ところが荒川より南は、全部アメリカと同じ共学方式にしてしまった。そういった影響がいまでも結構残っているんですね。

受験勉強は絶対にムダではない

いま、高校生である皆さんの当面の課題というのは、やはり受験、大学進学だと思うんです。受験よりも、いま付き合っている彼女のほうが大事だという人もいるかもしれないけれど、それは心配ないです。いま付き合ってる人とは、いつか必ず別れるから大丈夫（笑）。ただし、まったく女子との付き合いもない、手も握れないという感じで高校生活を送ると、社会人になってから爆発したりすることがあります。わが浦和高校の後輩でも、外務省でちょっと大爆発したりとかして、フタをするのが大変だった人とかいますからね（笑）。だから、適宜社会性も持ってないとダメです。それはそうなんだけれども、いまはやっぱり受験なんですね。

でも、ここではっきり言っておきますが、勉強を受験のためのものとして考えるのは間違っています。それだと、冒頭でお話しした受験刑務所や、生徒の適性を考えずに進路を指導する昨今の新興進学校と同じになってしまいます。

浦和高校にはいまでもたくさんの校内行事がありますよね。新入生歓迎の10キロマラソンや、臨海学校での遠泳、浦和から茨城県の古河《こが》市まで約50キロを走る強歩大会、通称

「古河マラソン」。一年を通して全クラス対抗で行われるスポーツ大会。

ラグビーのスポーツ大会なんてセンター試験の直前まで3年生も本気で試合してますよね（笑）。受験の合理性だけを考えるならば、そんな時間もすべて勉強にあてればいいはずだけど、絶対にそんなことはしない。それはやはり、浦高のモットーである「尚文《しょうぶん》昌武《しょうぶ》」の実践で、それは決して蛮勇などではなくて、生徒の人生を考えたときに最良の教育であるという伝統があるからだと思うんです。受験の先にある大学、そして大学の先にある社会で活躍するために本当に必要なものは、文系なら数学、理系なら歴史まで深掘りして学ぶような、そういう総合知としての教養だし、部活や校内行事を通じて体得する人間関係とか、頑健な身体とか、そういうものであるはずだからです。

数学はなぜ重要なのか

文系の人たちはですね、数Ⅱまでではなくて、必ず数Ⅲまで学習しておいてください。いまの浦高のカリキュラムではどうなっていますか？　もしも数Ⅲまでは入っていないのであれば、各自がⅢまでやるような努力をしておいたほうが絶対にいいと思います。リクルートの「スタディサプリ」を使ってもいいです。あれは月1000円でよくできています。なんで数Ⅲまでやれなんていう〝残酷〟なことを文系の人たちに言うのか——。

外務省時代、私が研修指導官をやっているときの話です。入学偏差値の高い国立・私立大学を卒業して外務省に入省した優秀な研修生たちを、モスクワ大学の地理学部と、そして高等経済大学というエコノミストを養成する大学にそれぞれ送ったのですが、みな成績不良で退学を余儀なくされたという出来事がありました。

私は、かつてモスクワ大学でも教鞭をとっていたことがあります。ソ連崩壊後、1992年から95年まで、哲学部の宗教史・宗教哲学科というところです。ソ連時代は科学的無神論学科という名称でした。そこで1910年代から20年代のスイスとドイツの神学についてロシア語で講義を行っていた。だから私は外務省の研修生に、モスクワ大学の推薦状が書けたわけです。ところが、私の推薦状を持たせた優秀な彼らが退学になった。

当時、高等経済大学の学長というのは国の第一副首相、大学の教務部長を副首相がそれぞれ務めたほど、ロシアの超エリートを養成する機関です。その大学を卒業すれば、イギリスの名門、ロンドン・スクール・オブ・エコノミクス（ＬＳＥ）の学位も同時に取れる、つまり、ＬＳＥとも行き来をしながら学位を取っていくという、ダブル学位を取れるほどレベルの高い学校です。

私はモスクワに行って、直接理由を尋ねることにしました。「研修生のロシア語に問題があったのか」と言ったら、「ロシア語には問題がなかった」と答えるわけです。「彼らは一生懸命やっていた。ただ……」と。「では何が問題だったのか」と重ねて訊くと、「３つ問題があった」と言われました。

１番目の問題は「数学」でした。数学で、偏微分が出てくると彼らは全然理解ができなかったと。dでも∂（ラウンドd）ってありますよね。高校数学では出てこない。でも偏微分ができないと、いまの本格的な経済の本を読んでもわからないわけ。

実務につながる数学ということであれば、『高専の数学』（森北出版）という本のシリーズがあります。高等専門学校、高専の最初の３年間で教える数学なのですが、これは皆さんが高校で習っている数学とはカリキュラムがだいぶ違います。高専の数学はそのまま大学の専門課程に直結する組み立てになっています。国際基準からすると接続が比較的良い。高専の数学でなくても、仮に数Ⅲまで修得していれば、大学では文科系に進んでも教養課程で数学や経済数学の授業についていくことができます。そうなると国際的に活躍するとか、あるいは商社などで仕事をすることになって、経済関係の論文を読むときなどに自力で読めたりします。それだから数学の力はつけておいたほうが絶対にいいんです。

世界で活躍するのに必須な論理学

では2番目の問題です。外務省研修生の何が欠損していたかというと「論理学」でした。日本の場合は、論理学については一般的な授業は行われていませんよね。

論理というのは大きく分けて2種類あります。非言語的な論理と言語的な論理です。非言語的な論理は数ⅡBのところに若干入っています。写像であるとか、集合。あるいは論理記号を使った論理。こういう勉強です。東京大学の教科書で、野矢《のや》茂樹さんという東大の大学院総合文化研究科の先生が書いた『論理学』（東京大学出版会）という本。この本は論理記号を使っています。

論理記号を使わずに言葉だけで説明しているのは、同じく野矢先生の『論理トレーニング101題』（産業図書）という本があります。そのへんの本でしっかり勉強してもらうと、皆さんの論理の力はバッチリとつきます。そうなると何の成績が伸びると思いますか？　現代文の成績が伸びます。現代文で大学の入試で出る問題の9割は、小説を含めて論理的な部分が問われます。要するに、現代文で勉強するのは言語的な論理なんです。

現代文も数学も、実は大きな意味ではきちんと理屈が通った論理的な思考ができて、組み立てて表現ができるかということを学ぶものです。これは国際関係でもたいへん重要です。国が違えば文化的な背景が違いますよね。そういう人たちとの間での共通の言葉というのは、論理を用いていくしかないんです。このへんに関心がある人は、芳沢光雄さんという桜美林大学のリベラルアーツ学群の教授で、長いこと東京理科大学の先生をやっていた方が光文社新書から出している『論理的に考え、書く力』という本がとても良いです。

「思考の鋳型」を学ぶ哲学

3番目の問題は、哲学史の知識です。実は高校の倫理の教科書のレベルというのは、大学院とほぼ一緒です。たとえば皆さんが学ぶ倫理の教科書には『啓蒙の弁証法』という本の著者としてテオドール・アドルノやマックス・ホルクハイマーといった哲学者たちが出てきます。この『啓蒙の弁証法』を少しだけ説明すると、野蛮からの解放を約束したはずの啓蒙の理念が次第に道具化し、人間や物は操作・管理・支配の材料でしかなくなる、同時に、近代理性自体も道具化していつしか再び野蛮へと退落していく（『ブリタニカ国際大百科事典　小項目事典』より）――というプロセスを解き明かした本ですが、このあたりを理解できたら十分大学院で修士論文が書けます。あるいはフランクフルト学派の第二世代にあたるユルゲン・ハーバーマスも教科書に出てきますね。教科書によってはハーバーマスとニコラス・ルーマンとの論争なども出ている。主体概念をめぐる考え方の相違を争った有名な論争です。倫理の教科書では事項の羅列ですが、大学のレベルをはるかに超えた大学院レベルの内容が、倫理や政経の教科書には一通り入っています。ですから、高校レベルの倫理の教科書をきちんと用語集も使って深く勉強しておけば、国際水準の哲学の力がつくわけです。

それでは哲学はどうして必要かというと、思考にはそれぞれ「鋳型《いがた》」があるからです。「あ、この思考はもともとこの考え方から生まれたものだ」という思考の鋳型がある。その鋳型を深く学んでおくべきなんです。

思考の鋳型が大人の仕事で役に立つのは、こういうときです。いまの日本外交はかなり酷いことになっていると私は思っているのですが、これはやはり教養という基礎体力の低下が背景にはあるわけです。たとえば、2015年の夏にロシアのメドベージェフ首相が「北方領土に行く」と突然ブチあげた。そういったことをロシア側が発表したときに、日本政府は当時の岸田文雄外務大臣、菅義偉《すがよしひで》官房長官をはじめ、ロシア側に「止めてくれ」と中止要請を出しました。あれは極めて愚かな行動だったと思います。なぜか。現実的に北方領土訪問を止めさせる術がないとき、日本側がいくら「止めて」と言っても、それをまったく無視してメドベージェフが訪問したらどうなりますか？　日本外交の無力さが可視化されるだけですよね。外務省は「止めて」という政治家こそ止めるべきだったんです。

私が現役の外交官だったらこう進言していたはずです。「ロシア憲法の規定に従えば、北方領土交渉を含む外交は大統領の専管事項です。したがって、外交に対して権限のない首相が北方領土を訪れることがあっても、日露の領土交渉には何の影響も与えません。したがってこのような事柄についてはコメントするに及びません」と。カーッとなって「止めろ」って言ってしまったら、後からは撤回できないじゃないですか。

こういう場合は過去にどういった事例があったか、過去の歴史で何があったかということ、それから思考の鋳型、つまり外交やインテリジェンスの世界の人間ならば、外交やインテリジェンスの思考の鋳型や文法や哲学がある。そういうものを覚えておくことが肝要になってくるんです。要するに、倫理の教科書で過去の思考の鋳型、歴史の教科書で過去の歴史、そして現代文の教科書でいろんな人々のものの考え方や表現法というのを覚えておく——これが将来役に立ってくるわけです。

大学レベルの語学では全然役に立たない？

脅かすわけではありませんが、もう一つシビアな話をしておきましょう。

いま、皆さんは英語も一生懸命勉強してると思いますが、高校や大学で多少語学を勉強したとしても、プロの世界ではほとんど役に立たないと思っていたほうがいいです。

さきほども言いましたが、私は外務省で研修指導官をやっていました。簡単に言うと、私はもともと専門職、つまりノンキャリアとして外務省に入ったのですが、外務省登用という制度があって、途中でキャリア扱いになりました。ただし、年次は5年落ちます。役人の世界では年次がすべてなので、キャリアと言っても本当の総合職・キャリアと張り合えるわけではないのですが、最終地点は大使になれる、そういうコースでした。

ただ、私はそういうコースにあまり魅力を感じなかったので、「情報の世界に特化したい」と人事課長に掛け合って、それで情報主任分析官というポストを新設してもらったわけです。それと同時に研修指導官をしていた。これは外交官試験を合格して入ってきた優秀な連中を鍛えて、いかにして一人前の外交官にするかという仕事で、結構大変なんです。

たとえば外務省は、日本の大学の英語教育とかロシア語教育とか全然信用していません。そもそも日本の大学の第二外国語の教科書というのは、言語学者用です。20ヵ国ぐらいの言語を理解する際に、各言語の骨子を知っておくとか、そういう組み立てなんですね。それだから、大学の第二外国語、ドイツ語やフランス語やロシア語の授業でどれだけの単語が出てくるかというと1000語前後です。要するにその国の小学校高学年のレベル。当然ながら、外交の世界では全然使い物になりません。

ロシア語というのは、単数形と複数形で非常に複雑な変化をします。女性形や男性形もある。要は大学の先生が教えきれない。それだから単数形しかない大学の教科書も存在する。でも、「単数形でしか喋らない」ってどう考えたっておかしいですよね。2歳児だって複数形は理解できるよ（笑）。つまりロシア人の2歳児以下のロシア語を勉強する教科書で勉強しているわけです。そんなもので勉強したってできるようになるはずがない。こういう状態だから、外務省は大学の語学教育を全然信用していないんです。

外務省は、入省してから2年間、アラビア語などに関しては3年、学位の取得などは一切させず、ただひたすら外国語だけを徹底的に勉強させます。この制度は、1919年のベルサイユ講和会議のあとにできたものです。なぜだと思いますか？　日本の代表団が国際会議に初めて参加したのが、このベルサイユ会議でした。当時の国際会議はフランス語で行われていたわけですが、日本代表団はその内容がまったく理解できませんでした。第一次世界大戦の戦勝国の代表団として参加しているにもかかわらず、ヨーロッパ人が通常のペースで会話しているから中身がさっぱりわからず、日本の主張はほとんどできず、はっきり言えば、ほとんど成果がなかったんですね。人種差別撤廃条項を上程しようとしたけれど、それも不首尾に終わった。結局、南洋諸島と山東省の利権しか取れなかったということで、当時の外交官たちは大変なショックを受けたわけです。これは本格的に語学の勉強をさせないといけないと、それでいまの外務省の語学研修制度が生まれた。

モスクワ大学の「ロシア語が嫌いになる」授業

外務省では、アラビア語とかの研修だと、最初は小学校に行かされます。それで最初の1年間、小学校でアラビア語に慣れて、次の1年間は高等教育機関に行って、そのあとはイギリスかアメリカに行く。地域研究としてアラブ諸国と外部世界の関係がどういうふうになっているのか勉強するわけです。

ロシア語の場合はですね、私は大学から大学院時代にかけてロシア語をかじっていた。だから最初は「モスクワに行きたい」って言ったのですが「ダメだ」と。「お前みたいな中途半端なロシア語だと、モスクワに行ってもまったくロシア語の力はつかない」と言われました。

少し話が脱線しますが、当時は東西冷戦中の只中でした。かつてソ連を建国したウラジーミル・レーニンは「外交官はみんなスパイだ」って言っていた。そのぐらい当時のソ連という国は外交官に厳しい目を向けていました。それだから、その頃のモスクワ大学には、外交官向けに「ロシア語が嫌いになる」特別コースの授業があった(笑)。

しばらくして私も在ロシア日本国大使館に勤務することになったため、その授業を経験することになったのですが、文法などは一切教えてくれません。いきなり自由会話です。留学生は東ドイツやシリア、ノルウェーなどから来ていましたが、大半が共産党員でした。日本人も私以外は、日本共産党からの留学組。それで授業では「アメリカと同盟国とのダブルスタンダードについて、イラン・コントラ事件の観点から記しなさい」とか、「日本における貧困問題について各自で調べて議論しましょう」などということをやらされる。イラン・コントラ事件というのは、アメリカのCIA（中央情報局）が国交のないイランに裏で武器を売って、そのカネで中米ニカラグアの親米の反政府・反共ゲリラを支援していたという疑惑です。つまり、私のような日本の外交官は毎回毎回、イジメられる役に回るわけです。そうするとだいたい3回出席したぐらいから大学に行きたくなくなるんですよ（笑）。こうしてロシア語ができなくなるという、そういう巧妙なシステムだったんです。

究極の語学学校

外務省の語学研修に話を戻しますと、ロシア語を徹底的に学ばせるために、外務省は研修生をアメリカやイギリスの軍の研修施設に放り込みます。私の妻は東京外国語大学のロシア語学科を出て、その後外交官試験に受かって入省して、私と結婚したがために、私の事件にまきこまれて辞めざるを得なくなってと、そういう人なんですが、彼女はアメリカのモントレーにある国防総省外国語学校でロシア語を勉強しています。この学校は第二次世界大戦中は敵性言語の日本語の専門家を養成した機関でもあります。

私はイギリスのロンドン郊外にあるイギリス陸軍語学学校でロシア語を学んでいます。毎日25～27の単語と5～7個のフレーズを覚える。1週間に1回単語テストがあるのですが、85点以下を取ると、教務担当の大佐に呼び出されて指導を受けます。その次に再び85点以下を取ったら即退学です。1ヵ月に1回、文法の試験があって、それで80点以下を取っても退学。こうした語学学校の方針はハッキリしていて、要するに「語学は徹底的にやります。適性がない人間を養成しても時間のムダ。イギリス陸軍のためにもならないし、皆さん生徒たちのためにもならない」と、こういうコースなんです。

こうした学校の授業料はいくらぐらいだと思いますか？　１９８６年時点の話です。１

週間の授業料が180ポンド。当時のレートで5万円ちょっとです。1週間ですよ。それに宿舎代がプラスされます。学校内ではイギリス陸軍中尉の扱いになるから、オフィサーズ・メスと言って、将校が入る個室の宿舎に入ります。これがイギリス人は1日1ポンド、私のようなイギリスの納税者ではない外国人は1日14ポンド。つまり、1週間にかかるおカネだけで9万円近く、月額36万円もするわけです。もちろん費用は全額外務省、つまり国民の税金で補塡されている。実際に計算したことがありますが、1人の外務省のロシア語の研修生を新人外交官に仕立て上げるのに、およそ2500万円から3000万円ぐらいかけています。この養成システムをフルに使うことができたから、私は外務省を辞めた後でも、こうして作家として飯を食うことができているわけですよね。

それを考えた場合に、高校とか大学の語学教育というのは、全然ユルユルで、実務家レベルからするとなかなか使えないという話なんです。高校の英語の教科書はかなり良くできていますけれども、中学までの内容が易しすぎるんですね。それだから、高校で詰め込む内容が多くなりすぎて——あえて言いますよ——ほとんどの人に欠損が生じる。どこか未消化の部分が高校の段階で生じます。

……少し、皆さんを脅しすぎたかもしれませんね（笑）。

優秀な東大生をスカウト

私が外務省に入省するのは1985年です。1988年から在ロシア日本国大使館に勤務して、1995年に日本に戻ってくるのですが、翌96年から当時の文部省、いまの文部科学省から兼任発令という命令を受けて、東京大学教養学部の後期教養課程で教鞭をとりました。民族問題について講義していたのですが、これは外務省で初のケースでした。ところが、この仕事は教師という表の顔とは別にもう一つ〝ウラの顔〟がありました。優秀な学生のスカウトです。要は、外交官として適性のありそうな東大生に声をかけて、「（外交官）試験を受けてごらん」と声をかけるのが人事課から言われているもう一つの仕事でした。と同時に、コイツは絶対に外交官に向いてなさそうだなと思うヤツがいたら、いくら外交官試験を受けたいと言っても、「うーん、君は高度に学究的なことをやったほうがいいんじゃないかな」とか、「外務省って、あまりいい所じゃないよ」とか、あるいは「お金儲けが好きだったら、外資のほうでデイトレーダーとかやったほうがいいんじゃないかね?」とかアドバイスのような適当なことを言って、外交官の夢を諦めさせたりするのも大事な仕事だった(笑)。

東京大学の教養学部には専門課程の教養学科という学科があります。ご存じのとおり、東大は2年生が終わると、それまでの成績順、内部進学点の高低によって専門の進学先が振り分けられる、いわゆる「進振り」がありますよね。教養学科は内部進学点がかなり高いんです。たとえば、文学部の哲学科はほぼ競争がない。インド哲学科なんてなると、大学のシラバス(講義概要)には「高度に学究的な姿勢が要求される」なんて書いてあります。これはどういうことかというと「就職できない」って意味だからね(笑)。

それに対して、東大の科学哲学という講座が駒場キャンパスにあったんですが、こちらはとても人気のある講座で、法学部よりも入るのが難しいと言われていました。それよりさらに難しいとされているのが国際関係論という講座で、外交官志望者、中央官庁の官僚志望者が行くようなところです。灘とか開成とか武蔵とかの出身者が多いです。

世の中の上のほうの、醜い世界

でもね、東大で優秀な成績を修めて、財務省のキャリアや外務省の外交官になったとしても、そのまま幸せになれるかというと、それはまた別の問題なんです。

中央省庁の官僚は行政職である以上、永田町の政治家に仕えなければなりません。頭の良さとは別に、権力の所在というものが政治家には明確にあるわけ。いまの総理大臣と官房長官の偏差値を足したって、たぶん100は行かないと思います（笑）。そうすると、官僚のほうからすると、われわれは哺乳類なのに、なんだか爬虫類にコキ使われてるような感じがするんだよね（笑）。

でも政治家というのは官僚の人事権を握っているから圧倒的に強い。官僚っていうのは、政治家なんて、みんなクソみたいなもんだなと内心では思っているんだけれど、政治家にはどうしても逆らえない構図がある。

たとえばですね、東大に超優秀な成績で入った田舎の秀才というのがいる。田舎の秀才っていうのは結構重要なカテゴリーです。開成や麻布や灘のような超名門校から出てくるのと違って、数年に1回しか東大に入らないとか、そういう高校の出身でときどき、ものすごい成績のいい人がいるんです。だけど、そういう人は自分よりできる人間を高校卒業まで見たことがないから、たいてい「自分は宇宙で一番頭がいい」と勘違いしている（笑）。それで東大もそこそこ優秀な成績で卒業して、そのまま財務省や外務省に来る。つまり、勘違いを引きずったまま官僚や外交官になるわけです。

ところが、役人になってからそれは通用しない。自分より優秀な人間はいくらでもいるし、権力者である政治家には何があっても逆らえない。すると何が起こると思いますか？一部の役人が政治家に対して尋常じゃない擦り寄り方をするんですね。

これは私の知り合いのある外交官の実話ね。政治家と料亭に行ったあと、「先生、もう少し呑み直したいんです」と2軒目に誘う。どんどん呑んでいるうちに、だんだん乱れてきて、横にいる芸者さんの服の中に手を突っ込んで、胸とか触ろうとするわけ。当然、芸者さんは逃げるよね。すると今度はソイツが一人で「僕ちゃん寂しいんでちゅ」とか「おしめ替えてくだちゃい」と言って足をパタパタ振って政治家の前で幼児プレイを始めてしまった（笑）。彼はたしか東大でその年の成績優秀者のトップ20人に入っていたはずです。

彼のこうした行為は、いったい何をやってるんだと思いますか？　犬がお腹を見せるように、飼い主である政治家に擦り寄っているんです。こういう姿というのは、実は官僚や政治家の世界では日常的にあります。だから、あまり世の中の上のほうを見るということがはたして幸せなのかというのは、また別の難しい問題で、いったいこの国はどういう人たちが統治しているんだろうと、とても心配になったりする(笑)。われわれが暮らしている世界というのは、頭の良さとか、能力とはまったく関係ない、こうしたいろいろな要素も複雑にミックスされている世界なんですね。

高校時代の恩師たち

私の浦高時代の話も少ししておきましょう。

私は、この高校でとくにお世話になった先生が何人かいます。そのうちの1人は、世界史の面倒を見てもらった桐山一隆先生という先生なのですが、私が高校3年生のときはすでに70歳ぐらいだったと思います。公務員の制度がいまとは違っていたこともあって、当時の浦高には勤続50年なんて先生もザラにいたんですね。その桐山先生ですが、ついにもうこれで教鞭をとれなくなるというときに最終講義がありました。そのときに生徒を体育館に集めて、こういう話をしてくれました。

「皆さんは平均的エリートです」と（笑）。「よくも、まあ、こうつまんない人間ばかりたくさん出てくる」「私はこの学校に長いこといて本当にそう思いました。それですから、大きな業績を残すような人もいないんだけれども、極端な悪事をする人もいない」と、こう言ってたわけです。極端な悪事をするっていう意味では、東京地検特捜部に捕まったのは、おそらく浦高出身では私しかいないと思うから、その意味では先生の期待に応えられたかもしれません（笑）。それはさておき、50年もの間、浦高生を見続けてきた人の言葉だから重みがあるというか、われわれも神妙に聞いていました。「お前たちは浦高生なんて粋がってはいるが、その程度の存在なんだ」と、「驕《おご》るなよ」と、教えてくれたんでしょう。

あとは堀江六郎っていう倫理社会の先生です。この先生は変わった先生で、教科書は買わせるだけで一度も使いませんでした。

『光の子と闇の子』

あ、「教科書を使わない」と言ったところで突然思い出したのですが、中高一貫校で桜蔭という学校があるでしょう。あそこの教育はいいですよ。中学の教科書は使いません。

中学1年生から高校の教科書を使うんです。これはさきほども言ったように、いまの日本の中学校の教育内容が「薄い」ってことをわかってやってるんだと思います。

ここで考えてみてください。数学、それから現代文、理科。中学でやったことって、ほとんどムダだったと思いませんか？　なんというか、高校でやることを水割りしているような感じでしょう。ならば、桜蔭に入るぐらいの学力の人たちだったら、中学校の段階からプリントで補強しながら、高校の教科書を使って授業してしまえばいいわけですよね。だから桜蔭は、基本的に理系を含めて全科目を勉強させる。しかも6年制なので持ち時間が長い。だから高校2年の夏休みには高校課程を全部終えてしまう。残りの1年半は受験勉強に特化するわけだから、そうするとあれだけ受験での結果がよく出てくるというのも、ある意味で当たり前ですよね。カリキュラムの組み方が自由なんです。

ただ、そういうのは、ある意味では特殊な環境であって、すごく合理的に考えた形での、いわば「温室」なんですね。その意味では、われわれ浦和高は「雑草」だから（笑）。他の人たちと同じ要件のところでどうやって勉強するかっていうことが重要になってくる。

堀江先生に話を戻しますと、この先生はね、私のことを非常に心配してくれた先生です。当時の私は社青同（日本社会主義青年同盟）に首を突っ込んだりしていたから、このまだと佐藤は問題意識だけが先行して、高校をドロップアウトして、どこの大学にも入れないんじゃないか、と心から案じてくれた。私が高校3年生の頃にあった授業ですが、当時は1科目だけ「自由科目」という名目で追加科目を取ることができました。だいたい文系を狙う人は英語、理系を狙う人は数学という具合に受験問題の演習をやっていました。堀江先生は倫理社会の自由科目の授業を持っていたのですが、選んだテキストがラインホルド・ニーバーという人の『光の子と闇の子』という本の講読でした。ニーバーはアメリカの民主党、共和党の双方に大変に強い影響を与えている神学者・政治学者・哲学者です。——ナチスが闇の子、つまりこの世の子であるのに対し、民主主義者も共産主義者も光の子である。社会には構造的な悪が存在し、悪に対抗するためには力が必要である。しかし、力には常に自己絶対化の誘惑がつきまとう。光の子は、「自分が絶対に正しい」と思想も行動も硬直していく傾向にある。これに対し、闇の子は「自分が絶対に正しい」とは思っておらず、正邪、善悪などの価値観に闇の子は無関心である。人間の罪について無自覚な社会改革の思想は必ず悪政をもたらす——これがこの本のおおまかな内容です。

その本の読み解きを丁寧に、文法を解析しながらやってくれると同時に、「佐藤君は英語の文法に不安があるから、研文書院の『大学への英文解釈』っていう本を使いなさい」とアドバイスしてくれた。この本は外交官試験のときにも使って非常に役に立った。それぐらい良い本ですが、残念ながら研文書院が潰れてしまったので、いまは古書でしか手に入りません。ともあれ、堀江先生はそうして1年間、丁寧に英語の面倒を見てくれて、私はそれまで英語を不得意にしていたのですが、だいぶ解消されました。結果的に私はこのニーバーとの出会いによって神学という学問に大きく惹かれていくことになるのです。

あとは飯島英夫先生。3年生のときの担任の物理の先生でした。この先生も変わった方で、いまだから話せるんですけども、進路指導の二者面談のときに戸棚からブランデーを出してきて、なみなみと注ぐんですよ。それで「まず飲め」と(笑)。要するに、「俺も法律を違反するから本音で話すけれども」と。「だから今日は勉強のことは言わない」「問題は姿勢だ。しっかり自分の欠損箇所を見つめろ」「どこに知識の欠損箇所があるかを見ろ。あとはそれをきちんと埋めていけ」と、そんな話をしてくれた。あとは、「お前にしかできないことがあるから」「手続き的なことをおろそかにするな」と。それだけの話でしたけど、飯島先生のその教訓がその後の人生にたいへん活きた。心から感謝しています。

無神論とマルクス主義

皆さんにとって、私の事例がどれだけ参考になるかわかりませんけれど、こういう先輩もいるんだという意味では、私の大学選びについても少し話しておきたいと思います。

皆さんもご存じのとおり、私は1浪して同志社大学神学部に進みました。ちなみに当時の神学部には偏差値がついていなかった。受験ガイドを見ても横に線が引いてある。それだから模試を受けてもデータが出てこない。つまり得体のしれないところだった(笑)。ちなみに、いまの同志社神学部は経済学部や社会学部と偏差値が一緒です。

いざ入ってみてわかったのですが、当時は学生の学力が本当にバラバラでした。同志社の付属の高校から上がってきた学生の中には、関係代名詞を知らないヤツがいたりとかね。ところが、同じ神学部の中には、東大の西洋古典学科を出たあとドイツに留学して、そのあと大学院神学研究科に編入してきたなんて人もいたりとか、学力については、とにかくバラバラとしか言いようがなかった。

受験のとき、私の面接試験を担当したのが樋口和彦という先生で、この先生は河合隼雄さんと一緒に日本でいちばん最初に「夢」の臨床家の資格を取った、ユング心理学の研究で有名な方です。面接では「あなたはどうして同志社の神学部へ来るんですか」「浦和高校というと大変な進学校ですね」と。「それでどうして同志社に?」「いや、僕は無神論の勉強をしたいんです。マルクス主義に関心があって」と答えた。「あ、そうですか。じゃあ、いままでどんな本を読みました?」と。そうしたら、そのときに堀江先生の、『光の子と闇の子』を英語で読みました」と返答した。樋口先生が驚いた様子で「ニーバーは難しいでしょう」と。そんな話をしたわけです。

それで面接を終わって、あ、余計なことをちょっと言い過ぎたかなと。それで出ようとしたら、出る前に、「ちょっと待って」と呼び止められて、「他の大学を合格しても、ぜひウチに来てください」と。「きっと面白いと思いますよ」と、こう言われたんですね。

やりたいことをやり続けてきた

というわけで、正直、あまり期待はしていなかったのだけれど、いざ同志社の神学部に入ってみたら、それはそれは本当に面白かった。先生たちがとても優秀だったんです。太平洋戦争中にキリスト教なんて学んでも何のプラスにもならない時代に、自分たちの生き死にの原理としてキリスト教を知りたいと、そういう意志のもと神学部に進んで先生になった人とか、あるいは戦前、熊本の中学校で先生をぶん殴って退学になって、同志社しか拾ってくれなかった、そういうような人であるとか（笑）。あるいは、宇都宮高校の出身で、この先生も非常に優秀で、本来だったら東大に行くような人なんだけれども、戦時中はスパイの子だ、スパイの子だといじめられていたのが、戦争が終わった途端にみんな教会にたくさん集まってきて、「君は本当にいい子だ」「民主主義の申し子だ」などと真逆のことを言われて、それですっかり人間不信に陥って、「人間とは何だ」っていうことを勉強するために同志社の神学部に進んだという先生もいます。この人は同志社の理事長も長いこと務められた野本真也っていう先生で、私の指導教授でもあります。日本において、旧約聖書神学の第一人者と言われている方です。

私の面接試験の担当だった樋口和彦先生が、また凄い人で、とんでもない授業があったわけ。「実践神学」と言うのですが、まだホスピスなどない時代に「がんの末期患者のところに行け」と。「それで、とにかく行って来い、追い出されると思うけど、とにかくその患者の最期まで、ずっと横にいるのが仕事だ」と。私はこの授業は取りませんでしたが、こういう、普通とはだいぶ違うことを経験する学生も多かった。

授業に常時来るのは2〜3人でした。同じ授業でもうんと難しい授業と、うんと簡単な授業があって、それでうんと簡単な授業はレポートを出すだけで優をくれる。難しいほうの授業は、大学の2回生のときからドイツ語のかなり難しい原書の講読を1週間で200ページぐらい読まされた。これはイギリスのエリート大学の教育法なんです。チューター方式（教師が学生の個人指導にあたる方式）です。こんな形で私は鍛えられていった。

その頃の私は関心がマルクス主義からは急速に薄れていったんですけれども、同時に社会主義国、つまりキリスト教を否定しているところでのキリスト教と国家の関係はどうなんだろうという問題に興味が移っていきました。つまり、キリスト教徒であることで何のメリットもない社会でなぜキリスト教徒であり続けるのかということについて知りたくなったのです。とくにヨゼフ・ルクル・フロマートカというチェコの神学者に興味が湧いてチェコスロバキアに行きたくなりました。ところが、社会主義国だったこともあって神学では留学生を受け入れてくれない。それで、どうやったらチェコに行けるかと考えて、外務省の職員ならチェコに行って勉強できるかもしれないと思い、試験を受けて入省することになります。でも、面接のときに「自分はこんな業績があります」とか余計なことを喋りすぎたせいか、「コイツはチェコに行かせたら、すぐに辞めるんじゃないか」と外務省では考えたようなんですね、直前になってチェコ語からロシア語に振り替えられてしまった。それから、これまで他の本にも書いてきたようないろいろなことがあったんだけど、いまでは、それはそれでよかったと思っています。

大学生はなぜ歴史を学ばないのか

最後に、またちょっとショッキングな話をします。5年ぐらい前に、私は慶應義塾大学と早稲田大学でそれぞれ講義を担当したことがあります。私はどの大学でもお手伝いをするときには、第1回目に世界史の年号のテストを行うことにしているんです。ロシア革命とか、ソ連崩壊とか、二・二六事件とか。山川出版社の『詳説世界史』に出ている——世界史は理系の人も必修ですよ——そこの年号から出すわけ。

早稲田の政経で教えたときは3年生でした。年号を書かせる試験は100題を出題した。平均点は何点だったと思いますか？　100点満点で平均点5・0点です。慶應の大学院は4・2点でした。広島の原爆投下が1961年とか、二・二六事件が1985年とか（笑）、恐ろしい答案を見せられました。ウェストファリア条約、正解ゼロ。1648年に締結されたウェストファリア条約は、以後、主権国家・国民国家体制が確立する転機となった重要な史実ですよね。それが起こった年も知らずに国際関係を専攻したいとか言っているわけですよ。

なんでこういうことになると思います？　おそらく理由は2つある。1つは、彼らは早稲田の政経にどうして来ているのかという話です。これまで私が言った話とつながってくるんですが、彼らはたぶん数学がちょっと苦手だったんですね。しかし、それ以外の科目ならば成績に自信があるということで、自分の偏差値でいちばん高いところを狙ったら、早稲田の政経に入れた。でも、その動機っていうのは主体的なものというよりも、「親を喜ばせたい」とか「クラスメイトの前ででかいツラをしたい」とか、だいたいそういったものだったと思います。それだから、彼らは基本的には受験勉強が嫌いです。でも、これは東京大学の合格者も、京都大学の合格者も、医学部の合格者もみんな一緒。基本的にはみんな受験勉強が嫌いなのです。

２つ目の理由としては、おそらく彼らは「年号なんか覚えても役に立たない」と思いこんでいる。最近、文部科学省が国立大学を再編して、文科系に関してはもう一回見直すという話をしているでしょう。要するに大学を専門学校化しようとしてるわけですよね。でも、アーネスト・ゲルナーの『民族とナショナリズム』っていう本を読んでもらえれば、よくわかってもらえると思うのですが、文系・理系関係なく、総合知をしっかり身につけた本物のトップエリートというのは文科系に属することになるんです。それだから、文科省の改革が進むと、逆に文系支配が一層強まるというところが、みんな見えていないだけなんです。いずれにしても年号、もっと言えば文系の科目なんて役に立たないと心の中で思ってる人はかなり多いのではないかと私は考えています。

クロノスとカイロス

実は、年号というのは大変役に立ちます。歴史というのは、ギリシャ語でいうところの

「クロノス」――つまり「ひたすら流れていく時間」と、それからもう一つ、ある出来事が起こる前と起こった後で物事が変わるという意味での「カイロス」と、この2つを結び合わせてできています。つまり、どこの年号でカイロスが起きているかということをきちんと眺めることが重要になってきます。

たとえば、2015年の8月に、「村山談話の見直し」が大きな話題になりましたね。かつての植民地統治や侵略について謝罪を行った1995年の村山富市総理の談話を、安倍首相が見直したとする、いわゆる「安倍談話」を発表した。左派リベラル派の人たちが中心となって、「村山談話からの後退だ」とかいろいろ言っていますが、その村山談話は、「ある時期から、わが国は国策を誤り」という文脈を使っている。これは歴史的には全然カイロスとして成り立ちません。だって、ある時期っていつですか？　日清戦争？　日露戦争？　シベリア出兵？　満州事変？　支那事変？　それとも真珠湾攻撃？　あるいはシンガポールまで侵攻したところで講和条約を結ばなかったこと？　要するに、「ある時期」っていう言葉を使って歴史を濁しているだけで、歴史の分節化ができてないんです。

ちなみに、安倍さんが発表した談話の中には「満州事変や国際連盟からの脱退のあたりから日本は次第に進むべき進路を誤り、戦争への道を進んでいった」という表現がでてきます。この談話を作成するために設立された有識者懇談会の報告書にも「日本は満州事変以降、侵略を拡大した」とはっきり明記されている。でも、そこのところはよく考えてみないといけない。安倍さんがいちばん尊敬している政治家は誰ですか？　彼のお祖父《じい》さんにあたる岸信介《のぶすけ》さんだよね。岸さんは満州国を建国して実質的に運営した人ですよね。となると、この談話や懇談会の報告書は、それを全否定していることになる。

つまりどういうことか。1番目の可能性、「安倍さんは考えが完全に変わった」。つまり、今回の歴史認識に関する談話の研究をしているうちに、自分の祖父というのはとんでもない人間だということがよくわかったので断罪する談話を出した――これが1番目の可能性です。これは、政治家としてのインテグリティ（整合性）が問われる。2番目、腹の中ではそう思ってはいないけれども、学者や公明党や世論がうるさいから、腹の中で思っていることと談話はまったく別の内容にした。これはあり得るシナリオだけど、今度は「話者の誠実性」の問題になってきますよね。3番目、内容がよくわからずに慌てて読み上げた。だから、いまだに自分が発表したことの意味をよくわかっていない。この3番目は知力の問題（笑）。いずれにしても、一国の総理大臣としては大変な問題をはらんでいることになりますよね。

英語も関係してくるんです。首相官邸のウェブサイトに掲載されている、安倍談話の英訳文を見てみてください。〈先の大戦への深い悔悟の念〉というくだりの「悔悟」、つまり「過去の出来事を悪かったと悟り、悔いること」に対して"repentance"という言葉をあてています。repentanceとは「悔い改める」という意味です。「悔い改めよ、神の国は近づいた」という時に用いる言葉で、単に反省しているということではなく、「反省した結果、自分の考えを全面的に変えました」というぐらいの、かなり強い意味なんですね。ですから欧米の安倍談話に対する評価が高くなるのは当然なんです。その単語を安倍さんが本当にわかって使っているかどうかはまったく別の問題ですよ（笑）。このへんは、やはり外務省の官僚たちが仕掛けたものでしょうね。

受験勉強は後で必ず役に立つ

最後にもう一度繰り返して言いたいのは、受験勉強を決して馬鹿にしないでほしいということです。受験勉強って、いまは面白くないかもしれない。しかし、これはきちんと勉強しておけば必ず役に立ちます。

それから、浦高の先生たちはいい先生が多いから、その先生たちとの人格的な交わりを大切にしてほしい。教育というのはそもそも「関係に入る」ことです。「関係」ということで言えばもう一点、この学校の良さというのは、一生の友達ができるというところです。「オレは携帯に1000人分の友達入ってます」とか、こういうのはダメですよ。本当の一生の友達というのは片手以内だと思う。一生付き合っていくような友達が1人でも2人でも浦和高校の3年間の間で見つかったら、それはそれで一生の宝になると思います。

私の話は、以上です。

第2章

一度に三兎を追え

浦高生との質疑応答

高校3年生だった頃の佐藤優氏。新聞部・文芸部・応援団など5つの部活を掛け持ちするという精力的な高校時代を送っていた。

＊本章は、2015年9月の講演後に行われた生徒との質疑応答を再構成したものです。

スペシャリストとジェネラリスト

生徒1　僕は以前、佐藤先生が書いた『読書の技法』という本を拝読しました。本の中にありますが、合理性や適性を突き詰めていくと、どうしても「特定の分野でのスペシャリスト」のような生き方になりがちだと思います。でも、幅広い知識であるとか、もっと幅広い教養を持ったジェネラリスト的な人材が必要とされているようにも思うのですが、スペシャリストとジェネラリストは両立するものなのでしょうか？

佐藤　結論から言うと両立します。それは、じつは19世紀の頭からたいへん大きな問題になっているんです。

フリードリヒ・シュライエルマッハーという神学者・哲学者がいます。ベルリン大学プロテスタント神学部の先生で、『神学通論』とか『宗教論』という本を書いた人ですが、この人は教育論でも非常に重要な人物です。

1805年、当時フランスで権勢をふるっていたナポレオン・ボナパルトが「いまの大学は非効率だ。即戦力となる専門家を養成する専門学校と理系の大学とに再編しよう」という政策を打ち出します。そこでドイツも、「強いフランスに倣って、理科系、あるいは専門科目を中心とする技術科目をしっかりやってスペシャリストをつくっていこう」という議論が巻き起こります。理系に特化したスペシャリストをたくさん養成したほうが国としてのドイツは強くなる、という考え方です。その考え方に猛然と反論して撤回させたのがシュライエルマッハーでした。どうして彼は猛反対したのでしょう。

神学の世界では「総合知」という考え方があります。ドイツ語で「学問」のことをWissenschaftと言います。Wissenとは「知識」、schaftは「全体性」という意味です。「あるレベルまでは、すべてのことがわかってないといけない。そのうえで高度な専門分野を持つのが大学に入る人間、エリートの条件だ」と、シュライエルマッハーは主張したんですね。つまり、ジェネラリスト的な基礎のあるスペシャリスト、あるいはスペシャリストだけど、いわゆる専門バカではなく、他の分野もわかる人材こそが真のエリートであるということです。それでドイツではすべての学問の基本になるということで哲学教育が重視されたんです。

実証主義と反証主義

ヴィトゲンシュタインというオーストリア出身の哲学者がいます。彼の主著『論理哲学論考』は論理学・科学哲学の世界では非常に重要な本です。具体的には論理実証主義という考え方に大きな影響を与えました。

論理実証主義というのは、要約して言うと、心や神様のような形を超えた形而上的なものは検証が不可能だから無意味であるとして、科学や理屈で完全に説明できることしか正しいと言えない、とする立場を指します。

その一方では反証主義という考えがあります。たとえば、かつて安倍晋三首相が外交防衛委員会で「北朝鮮は猛毒のサリンを弾道ミサイルの弾頭に付けて攻撃する可能性がある。その場合、甚大な被害が生じる」という話をしたことがあります。これを「仮説」としましょう。この安倍さんの話を聞いた私が「総理、それは少しおかしいんじゃないですか。飛翔中の弾道ミサイルは摩擦熱で1000度以上という高熱に達しているはずです。弾頭に装塡された化学物質のサリンが無害化するほどの高熱ですよね。北朝鮮がサリン入りの弾道ミサイルで日本を攻撃しても、被害は限定的と思います」と、これが仮説に対する反証です。では仮説が正しいか、反証が正しいかを検証していきましょう、というのが反証主義で、科学や学術の世界ではこうした反証主義が基本となります。反証の可能性を持つ仮説のみが科学的な仮説であり、反証を打ち破ってきた仮説ほど信用度が高くなるからです。

それ以外はですね、たとえば「北朝鮮は必ずミサイルの弾頭にサリンを付けて飛ばす。だって俺の情報は正確だから」とか「憲法は改正したほうが絶対にいいよな」とか、こういった主張は、いわば特定の信念に基づいたステートメントなわけで、おそらく神様の声が聞こえて発言しているのだから、どうしようもありません。反証不可能です(笑)。

ただし、学問に励んでジェネラリストを目指せばそれでいいのかというと、それだけでもダメなんです。ヴィトゲンシュタインはこうも言っています。

「1階から2階には梯子をかけて上がらなければならない。ただし、2階に上がったら、その梯子は外さなければならない」と。私なりに意訳をすれば、人間が高みに立つには学問という梯子が必要だが、ある段階に達したら、学問だけでは足りない、むしろ、学問や理屈が邪魔をして人間の本質や真理がわからなくなることもある、というぐらいの意味です。深い知識や理屈だけでこの世界のすべては理解できません。それは恋愛を経験すればよくわかります。「俺は浦高生だから俺と付き合うと必ず幸せになれる」っていう理屈を振り回すと、確実にストーカーと見なされます（笑）。

狭い世界に籠もるな

では、理屈だけではなく、理屈を超えた世界もきちんと知っておくためには何をやったらいいのかという話になるのですが、手っ取り早いのは小説を読んだり、あるいは映画をたくさん観たりすることです。理屈も、理屈を超えた世界もハイブリッドで押さえておくということです。それだから、専門性と総合性というのはやはり矛盾しないと思います。

これは浦高生だけでなく、優秀な人たちが陥りがちなのですが、安全策ばかりをとるような姿勢はよくありません。自分の得意な、狭い専門分野以外のことにも関心を向けていないと、そのうちに他の分野に関心が向かなくなります。自分の殻、自分が得意な分野だけに籠もってしまうと、今度は、世の中で起きている、ごく初歩的なことがわからなくなってしまうんです。それがエスカレートすると、事の真贋がわからなくなって、危険なカルトに入ってしまう場合もあります。オウム真理教の例ですと、ああした荒唐無稽としか言いようのないドクトリンを、どうして東大生とか慶應医学部出身の優秀な人間が信じてしまったかというと、おそらく彼らは専門分野以外の教養が極端に弱くて、世界観的な思想に対する耐性がないから吸い取られてしまったんだと思います。

ついでに言っておきますが、危険なのはオウムのようなカルト組織だけではありません。一部の政治的な組織、宗教的な団体の中には文字どおり、「プロ」として政治活動、宗教活動に励んでいる大人がいます。彼らは、皆さんのような若くて優秀な人をオルグ・洗脳して組織に引き入れようと常に狙っています。しかも始末の悪いことに、そういった連中は自分がしていることを絶対に正しいと思ってるから、オルグや洗脳を悪いことだとはこれっぽっちも思っていません。自分の行為が絶対的に正しいと思っている人は怖いですよ。その点、浦和高校は先生や職員の皆さんによって生徒がガードされています。その証拠に私のような悪人が皆さんにアプローチしても、必ず看守のような先生がくっついていますから安心なわけです(笑)。

ビートたけしさんや坂本龍一さんが出演している、大島渚監督の『戦場のメリークリスマス』という映画がありますね。あの映画を観ると、自分たちが絶対に正しいのだと考えている人たちの悲劇というものが、とてもよくわかります。

情報の選別方法について

生徒2　佐藤さんは、日々いろんな方とお話しされたり、あるいは新聞や本を読んだりとか、あらゆる種類の情報をいろいろなところで入手すると思うのですが、そういった情報をどれぐらい信じて、というか、自分の中に取り込むようにしているんでしょうか。つまり有象無象の情報の中で、どれが自分の役に立つ情報で、どれが無用の情報といったような判断を、どのような点に留意して行っているのか教えていただけませんか。

佐藤　いくつか規準がありますけど、やっぱり論理性が崩れている言説に対しては、私は忌避反応が強いですね。ですから「これは理屈じゃないんだ」というときも、もちろん場合によってはありますけど、それはあくまで最後の手段としてであって、それまでは常に理詰めでいく、理詰めで考えることが好きです。

では、そういった私の思考の鋳型はどこでできたのかというと、高校時代に強く影響を受けていたマルクス主義がベースになっています。自著『私のマルクス』（文春文庫）にも書いているとおり、私は浦高生時代、あまり学校には熱心には行かずに、浦和にあった社会党支部に入り浸っていました。社会党の人たちと話をしているほうが面白かったんです。当時の社会党と共産党とでは、理論的には社会党のほうが左でした。このときに、当時、埼玉大学の助教授で、労働者サークルの『資本論』研究会を主宰していた鎌倉孝夫先生と知り合い、マルクス主義の影響を強く受けるようになります。鎌倉先生は宇野弘蔵というマルクス経済学者の教えを受けた「宇野学派」の一人ですが、その宇野学派の資本論解釈に私はハマったんです。宇野学派のエッセンスを簡単に言うと、『資本論』の中の「革命」という部分を全部外してしまって、純粋に資本主義社会がどのような構造になっているか、つまり内在的な論理を見るという視点を重視します。そこで、資本主義社会の構造や論理を徹底して学んだというのがいまの自分の物の見方につながっています。その後、同志社大学神学部で行った神学的な論理の訓練もそうです。

あとは外務省時代の体験・経験ですね。モスクワの日本大使館に勤務しているときにソヴィエト連邦の崩壊を目の当たりにしました。その崩壊の混乱期に、私はクレムリン宮殿を木戸御免、いわゆる顔パスで行き来できるようになって、第一副首相や大臣、大統領補佐官といった要人と自由に会えた。日本に戻ってきてからは橋本龍太郎、小渕恵三、森喜朗という3人の総理大臣から、ロシアの問題について直接助言を求められました。それだから政治エリートがどうやって動くかというのは、ある程度は皮膚感覚で理解できます。

それからこれは、あまり詳しいことは約束があって語れないんだけれども、私は情報、いわゆるインテリジェンスの世界でもちょっと仕事をしていて、アメリカのCIAやSIS（イギリス情報局秘密情報部）といった欧米の情報機関との付き合いもありました。おそらく日本でいちばん最初にモサド（イスラエル諜報特務庁）との本格的なネットワークを作ったおかげで、現在も中東関係のいろいろな情報が私のところに入ってきます。情報で言えば、ロシアのネットワーク、イスラエルのネットワークという2つのネットワークがあるわけです。

質問に答えると、私はこうした思考の鋳型や仕事上での実体験や人脈、海外のネットワークから得られる情報などを判断規準として情報の取捨選択を行っているのだと思います。

いかにして「情報力」を身につけるか

それでは皆さんは、日常的にどういうふうにすれば情報の選別能力が身につくかというと、たとえば、未来を読むのに長けた論壇人を見つけて、そういった人の書いたものをしっかり読みこんでいくのがいいと思います。学者の中にも評論家の中にも、「今後こういうことが起きますよ」と大胆な予測をして、それが比較的当たる人がいます。ジャーナリストならば池上彰さん。学者であれば山内昌之さん（東京大学名誉教授）や宮家《みやけ》邦彦さん（立命館大学客員教授）などです。

あとは書評ですね。一口に書評といっても、評者がきちんと読んでいる書評と、ろくに読みもせずに書き飛ばしている書評と両方あります。ですから、きちんと本を読んで書評が書ける人を見つけることです。たとえば、松岡正剛《せいごう》さんや恩田陸さんです。こういう人たちは、他者の思想を少なくとも正確に相手の内在的な論理に即して捉えることができる人ですから、そういう人が書いた書評を丹念に読みこんでいくことじゃないかなと思いますね。

「情報力」を磨くという意味では、しっかりした大人と話をする、話を聞くことも大事です。その意味で浦高生の皆さんに私が勧めたいのは、「ＯＢ訪問」です。学問の分野でも、官僚でも、医師でも、あるいは民間企業や研究職でも、浦和高校のネットワークを使って、自分が興味のある分野で活躍している先輩に直接会って話を聞くといいです。「もしも自分がこの人と同じ道を進んだら、こういうふうになるのかな」といろいろ考えるきっかけにもなります。できれば、30〜40代の現場の最前線で活躍している人、そして、50代以上の、ある程度の地位に上り詰めた人の2つのタイプの人に会っておくといい。後輩が「話を聞きたい」と言ったら、まともなOBだったら喜んで時間を作ってくれるはずです。

兵庫県にある灘高校。ここには「OB訪問」という仕組みがあって——なぜかOBではない私のところにもここ5年連続で生徒が来ているんですが——私みたいな作家、あるいは医者として活躍している人とか官僚とか、いろいろな人間に会って自分の進路や将来について考えさせるということを、灘高は奨励しているようです。あれはやっぱり灘っていう学校の伝統が持っている強さだと思いますね（第3章参照）。

それだから灘は生徒もその親も重要な情報がアップデートされているように感じます。いま、灘の卒業生でアメリカの大学に直接進学する人もいます。イェール大やハーバード大、スタンフォード大やプリンストン大といった世界の一流大学に進学して国際基準の教養を身につけて、そこから希望する道を進もうとしているんですね。

ちなみにアメリカの一流大学の学費は猛烈に高くて、1年間で500万〜700万円かかるようなところもザラにあります。アメリカではほぼ全員が大学院まで行くから最低3000万円ぐらいのお金が必要になる。だから灘でもそうやって直接アメリカの大学に留学できる子の親は経済的にも相当余裕がある場合が大半です。

いずれにせよ、灘高のような学校では、学校側が生徒にいろいろな人と会わせて、生徒に考えさせるということを積極的に実践しています。これも情報力強化の一つの手段と言えると思います。

大学選びに偏差値以外の判断規準は？

生徒3　僕は文系なんですけど、文系って、だいたい大学では法学部、経済学部、あるいは社会学部といった具合に大まかに区分けされている学部が多くて、それぞれの学部がどのように細かく専門化されているかがよくわからないんです。たとえば大学の進路を選ぶ際に、偏差値以外にも検討の対象になるような判断規準というか、指針みたいなものはあるのでしょうか。たとえば、ウチの父親などは「とくにやりたいことがなければ、大学はとりあえず偏差値の高いところに行っておけば何とかなるだろう」という意見なのですが、本当にそういうものなんでしょうか。

佐藤　偏差値の低い学校に行くっていうのは、それなりのリスクがあります。たとえば浦和高校のような学校から、さほど有名ではない大学に進学すると、自分が周囲と比べて圧倒的に勉強ができてしまうので、そのまま慢心して怠けてしまう危険性があります。いくら地頭が良くても、在学中に勉強を怠った学生はしょせんそこまでの存在で終わるでしょう。

もう一点付け加えると、受験で奇跡は起きません。それだから、いまの偏差値で測られる学力よりもずっと上の大学に合格することはできない。この点はすごくシビアに見ておいたほうがいいと思います。その意味においては、高校時代というのは、学校の授業で欠損箇所があったら——とくに数学と英語です——これに関しては早めに埋めておく習慣をつけておかないと、2年生の秋以降では収拾がつかなくなる危険性があります。

その上であえて言いますと、法学部も経済学部も社会学部も、大学の専門性はほとんど何もありません。日本の大学における専門性の水準は極めて低く、教授会自身が独自に何らかのカリキュラムをつくって学生を教育していくという方針を示している大学は、ごく少数です。

質問に対する返答ですが、「偏差値以外にどんな規準で大学を選べばよいのか」ということですが、これもさきほどの「ＯＢ訪問」と同じ理屈ですが、自分が志望する大学に進んだ浦高卒の先輩を訪問して話を聞くことがいいのではないかと思います。東大、一橋、あるいは早慶でもいいです。たとえば埼玉大学はどうなんだろうということを考えたら、埼大の先輩に会って話を聞く。やはり実際の現場にいる人、いた人から話を聞くのが一番です。

いまの日本の大学教育は、現行のままでは近未来に行き詰まることは目に見えています。それはなぜかというと、国際的にやっているところの教養教育がほとんどできてない。だから東京工業大学は、危機感を強く感じて、池上彰さんを特命教授として招聘して、学生たちに文科系の勉強をもう一回やり直させているわけでしょう。あるいは一橋大学の場合は、大学に入ったばかりの学生に数学を徹底的にやらせるようなカリキュラムを組んでいます。また、皆さんの中には、子どもの頃から公文式などをやっていて計算が速い人もいるかもしれませんが、それをもって「自分は数学ができる」と勘違いして理学部の数学科に進学すると大変なことになります。理学部の数学科というのは、計算力ではなくて独自のひらめきとか感覚とか、そういう才能が必要になってくる。その意味では東京藝大などに近いところですからね。工学部の数学と理学部の数学って全然違います。

ですから、そういったようなことを含めて、やはり志望する大学の先生をしている先輩だとか、大学の事情についてよく知っている先輩の話を聞くというのが一番いいと思います。そういう機会というのは、皆さんが要請すれば、きっと浦高の先生たちでも機会をいろいろと作ってくれるはずですので、まず生きた情報を仕入れて、あとは自分の頭で考えたほうがいいと思います。

「受験の適性」はなくても

いい機会なので「浪人」についても話しておきます。「浪人するか現役でいくか」っていう選択に関しては、私の考えでは浦高のような県立高校の場合は1浪まではやってみてもいいと思います。多浪については、たとえば3浪以上で、どうしても医学部にこだわるとか、どうしても東京大学にこだわるっていう人がいます。その中には、浦高から3浪して日大医学部に進学した天野篤《あつし》先生のように成功を収めた人もいます。しかし、トータルな人生で見て、多浪した後に特定の分野で花を咲かせる人は、私の知る範囲ではほとんどいません。

そもそも1年浪人しても自分の志望大学に手が届かなかったというのは、少なくとも受験、限られた時間の中で限られた教科書の内容を覚えて、それを再現するという、現行の受験制度に対する適性——能力じゃなくて適性ですよ——その適性が自分にはあまりなかったということなんだと思います。重要なのは、受験の適性がなくても、それはイコール学力の資質が欠けているということではありません。受験以外の才能や適性はどこかにあるかもしれないということなんです。それだから、1年浪人したあとは、自分の持っている偏差値で入れる大学に進学して、あとは大学に入ったあと、その与件の中で勉強していくことを私は勧めます。東京大学、早稲田大学、慶應義塾大学、あるいは埼玉大学、あるいは中央大学、明治大学ぐらいまでの偏差値の大学であれば、大学で教えられている教育の内容というのはそう大きな差はありません。

だから、ちょっと偏差値の低い大学に行って、その後の人生で逆転するっていうことだったら、それはたとえば公務員試験を受ければいいんです。国家公務員試験は、実は出身大学をまったく考慮しません。純粋に試験の成績と面接で採用を決めています。要するに、諦めずに勉強を続ければ、いろんな形で先での挽回の方法はあるということです。

偏差値にこだわらない教育

私はいま、沖縄県の名護市にある名桜大学という公立大学で年に何度か集中講義を行っています。まだ開校してから24年ぐらいの大学ですが、最近偏差値が急速に上昇していますす。沖縄の文科系で一番偏差値が高いのは、琉球大学の法文学部ですが、名桜大学の看護学科は、偏差値がいま琉球大学の法文学部と一緒ぐらいです。なんでそういうふうになったかというと、大学に入ってくる学生の知識の欠損を丁寧に補うシステムがしっかりしているからなんです。個別の学生一人ひとりに対して英語や理数系の欠損があるかをチェックして、チューターをつけてじっくりと指導していく。たとえば中学から欠損がある学生の場合は、2年ぐらいかけて高校卒業のレベルまでじっくり埋めていく。だから英語に関しても真面目に取り組めば、英検の準1級ぐらいのレベルまで引き上げてくれるシステムを作っています。そういうことを丁寧にやっているんですね。最近では「ライティングセンター」というセンターを立ち上げて、「ものを書く」という作業を徹底してやらせたりもしています。この大学は、アメリカ式の教育をすごく採り入れています。それだから日本の他の大学とはちょっと出自が違うというか、ユニークな仕組みになっています。何を言いたいかというと、こういう大学は、いわゆる偏差値と関係のないところで、生き残る能力が非常に高い学生を続々と生み出しているんですね。
いまの日本は何というか、国じゅうが偏差値教育で疲弊しているような気がします。何でも偏差値で測るというか、社会に出てもそれが当たり前だと思っている。でも、はっきり言っておきますが、皆さんが実際に社会に出たあとは学歴なんてほとんど役に立ちませんから。あくまで能力で判断されます。いまのような時代ならなおさらです。たとえば、役所や会社の中で、ごくごくたまに「自分は東大法学部の出身で、二次試験の数学では4問中3問正解した」などということを同僚に自慢するような人間もいますが、そういう人はそういう価値でしか自己をアピールできない、とても可哀想な人です(笑)。組織の中ではまずまちがいなく劣位集団に属しています。そう考えると、偏差値というよりも、その学校の校風などを規準に大学を選んだほうがいいかもしれません。

文系と理系になぜ分かれるのか

生徒4　少し愚痴っぽくなってしまいますが、いま僕は3年生で理系なんですけど、もっと世界史をがっつり勉強したいんです。それだけじゃなくて、高校生活3年間のうち、文系科目は地理と世界史をやっただけで、他の科目もいろいろやりたかったんです。今日、佐藤先生のお話を聞いていて、そもそも文系と理系でなぜ分かれて、わざわざ違う勉強をするのかわからなくなりました。両者を分けるメリットって何かあるんでしょうか。いまのお話を聞いていると、あまりないように思います。

佐藤　結論から言うと、後進国・途上国型の教育の残滓《ざんし》なんですね。社会学者の橋爪大三郎さんがお話になっていますが、開国直後の明治政府は、近代国家化に合わせて大量の官僚を促成栽培で養成する必要があった。ところが、すべての学生にすべての教育を施すことはできない。とくに実験設備などでお金のかかる理系は志望者を減らす必要があった。そこで数学の試験をもとに全学生を文系・理系に振り分けることにした——というものです。この文系と理系で分けっぱなしにするというのは日本独特のシステムです。

オックスフォード大学やケンブリッジ大学といった世界の一流大学では「学群」というシステムが一般的です。「学部」より大まかな「学群」制にして、たとえば理系を専攻する学生は理系の科目2つに、文系の科目1つを取らせるといった仕組みになっているんです。生物学と物理学を専攻する学生は、歴史や哲学を1つ取らなければいけない、逆に文学と歴史学を専攻する学生は天文学、物理学、生物学のうち1つを選択するとか、そういった具合です。

さて、現実には日本の中では、こうした「文系・理系の壁」がいまなお存在する、それだから、意識の高い皆さんはその壁を越えていってしまえばいいわけです。もちろん現実問題として受験を抱えているわけで、高校生である以上は大学受験に専心しないといけないのですが、ちょっとその合間にでも、将来読まなくてはいけないような本は、理系・文系にかかわらず読んでみたらいいと思うんですよね。歴史ならば、エリック・ホブズボームの『20世紀の歴史』(三省堂)のような本です。そのへんの読書に関して具体的な相談があれば、私にメールをくれれば――「自分はこういうことに関心があって、成績はいまこのぐらいで」ということを教えてくれれば――それに即したアドバイスができると思います。

ですから本当は、文系・理系全体を見渡すことができて、一人ひとりの生徒に応じた読書案内ができるようなコンシェルジュみたいな役割をする、そういう司書というのが、これからは必要になってくると思うんですけれどね。

留学について考えておくべきこと

生徒5　今年の夏休みに高校の交換留学制度を使って、イギリスのロンドンで2週間短期留学をしました。浦高と姉妹校提携をしているウィットギフト校というパブリックスクールですが、そこで自分も将来は海外で勉強してみたいという意欲がすごく湧きました。そのためにすべきことを帰国後いろいろ考えています。できれば東大に進学して、卒業後にイギリスやアメリカの大学に留学、あるいは大学院に進んで課程修了を目指したいと思っていますが、そういったコースを歩むことは可能なんでしょうか。

佐藤　それは可能です。だけどその前に単刀直入に聞くけど、お家にどれくらいお金ある？（笑）。親が出してくれる金額によってアドバイスのコースが違ってくるんです。もしも、あなたのお家にはかなりのお金があって、あなたの留学のために3000万円程度を用意できるということだったら、それは文句なしに東大を4年で出たあと、アメリカの大学院に進むことを勧めます。もし経済的にそこまでの余裕がなければ、東京大学の大学院に進学して、日本学術振興会か文部科学省の交換留学制度、あるいは東大が持ってる交換留学制度を使って米国・英国に行くことを勧めます。資金次第でコースが変わってくるんです。

それから、将来留学を考えている人がいまやっておくべきことは、まずは英検の準一級ぐらいを取っておく。そのあとはアメリカ系の英語検定のＴＯＥＦＬ《トフル》（Test of English as a Foreign Language）ではなく、できればイギリス系の英語検定ＩＥＬＴＳ《アイエルツ》（International English Language Testing System）を勉強しておいたほうがいいです。なぜかというと、ＩＥＬＴＳのほうが世界的に権威があって信頼度が高いんです。ＴＯＥＦＬは韓国で不正事件があったりしたこともあって、ＴＯＥＦＬのスコアが良くてもイギリスでは留学を認めてくれないケースなどもあります。日本でＩＥＬＴＳが普及してないのは、採点できる人が少ないからです。それでもＩＥＬＴＳのほうが英語の総合力がわかります。イギリスも視野に入っているのだったら、ＩＥＬＴＳをやっといたほうがいいと思います。こういう英語検定は高校で準備しておいても全然無駄にはなりません。大学入試の英語は、特に東大の英語というのは、ＩＥＬＴＳやＴＯＥＦＬとそんなにかけ離れていません。

あとアドバイスできるとしたら、外務省の外交官試験、いまは専門職試験しかありませんが、その英語の過去問をやってみると自分の英語の学力が端的にわかります。英文和訳と和文英訳のみで、一つは論文、一つはエッセイです。これは明治時代以来変わらないスタイルです。採点者に語学の力があると、こういう形式の問題がいちばん受験者の英語力を測ることができるんですね。逆にＴＯＥＦＬのように選択問題にして細かく採点していくのは、採点者に力量がないことを前提にしているからです。

ちなみに英語の入試問題がいちばん難しい大学はどこだと思いますか？　東大ではなくて、東京外国語大学です。相変わらず東京外大の問題は、よくこなれています。

親も民族も選べない

生徒6　僕は、生まれは日本なんですけれども、親が両方とも韓国の出身で、僕自身も韓国人なんですけど……。

佐藤　国籍は？

生徒6　韓国です。両親はともに日本に留学して、そこで知り合ったそうです。それで、あまり受験とは関係ないんですが、僕は自己主張が強すぎるのか、無責任なところがあるからなのか、いろいろやらかしてしまうことがあって、一生の友達と言えるような存在の友人がいないんです。さきほど佐藤さんは講演の中で「浦高では一生の友達ができる」と仰っていましたが、もうすぐ卒業なのに作りそびれたような気がして……。

佐藤　そんなことわからないよ、この先どうなるか。人間いろいろな可能性があるからね。たとえば、私がいま着ているこの沖縄服の「かりゆし」。これは私の母親が沖縄の出身で、ここ数年の間に私のアイデンティティが明らかに沖縄人にシフトしているからです。つまり「私は沖縄人なんだ」ということを示すために着ている。私の体格に合わせるために、この服一枚作るのに7万円もかかってしまったんですけど。それでも、かりゆしっていうのは沖縄県内で作ったものしか、かりゆしって言えないから、わざわざ沖縄のデパートのリウボウのデザイナーに頼んで作ってもらったんです。だから、これも一種の民族衣装なんです。

君に何を伝えたいかというと、まず民族。親は選べない。だから、その意味においては民族も選べません。だから、そういう関係で生まれてきたら、それを背負うしかない。私は沖縄人と日本人の間に生まれてきたから、永久に沖縄と日本という、その間に生じるテンションを背負って生きていくことになります。あなたも韓国と日本の間に生じるテンションを背負う宿命にあるんです。

それと、あなたは日本で生まれた在日二世ですよね。だから太平洋戦争中に強制連行で連れて来られた、あるいは経済的な事情によって朝鮮半島が日本の植民地だった時代に日本に来た、そういう在日コリアン一世のアイデンティティとはまたちょっと異なってきますよね。たとえば、韓国人である君が仮に韓国に戻った場合、今度は、若いときから日本で生活しているということで、韓国もまた君のことをなかなか受け容れてくれないかもしれない。それから在日の場合は特例として免除されているけれども、韓国には兵役の問題もあります。韓国に長期間戻ると、韓国社会に入っていくために兵役に行かないといけなくなるかもしれない。行ったら行ったで結構ぶん殴られるからね、韓国の軍隊では。

だから、自分が選んできたわけではない状況があって、それは時には苦しいものであることは間違いないけれども、その状況をあなたは知力で克服することができる。

たとえば、在日韓国人の中でいろいろな問題について悩んできた先輩たちがたくさんいます。『玄海灘』や『朴達の裁判』を書いた金達寿《キムダルス》とか。あるいは李恢成《イフェソン》。『伽倻子《かやこ》のために』とか、『見果てぬ夢』とか、こういう在日韓国人文学を読んでみるといい。新しいところでは日本大学の金恵京《キムヘギョン》さん。『涙と花札』（新潮社）っていう本は知っていますか。彼女は、要するにあなたのお父さんとお母さんと同じような選択をした人です。日本に留学して日本に残った。その本を読んでみると、どこか相通じるところがあって参考になると思う。あるいは、日本人の中で韓国を理解しようと努めた作家では、梶山季之《かじやまとしゆき》の『族譜』とか、『李朝残影』とか、こういう優れた作品があります。

あとは韓国の、あるいは韓国と日本の間の歴史を勉強するんだったら、韓国語をしっかり学習する。大学に入ってからきちんと言語学的なことを含めて韓国語をマスターしておくと、これは一生の宝になります。

そういった話を前提として「友達を作る」というところに話を戻すと、浦高生っていうのは、やっぱりちょっとスノッブなところがある、つまり上品に振る舞ったり、教養をひけらかそうとしたり、鼻持ちならない生徒も結構多いですよ(笑)。みんな腹の中では、いつも競争を考えてるし、自分は頭がいいとみんなが思っています。だから別に浦高で一生の友達ができなくても、別なところでできるかもしれない。

そもそも日本社会にいる日本人というのは、無意識のうちに構造化された差別というか、外部の人間に対してどこか差別的なところがあります。だから、「あ、ちょっとコイツとは波長が合いそうだな」と思う人間がいたら、少しずつ、少しずつシグナルを出して試していく。少し話をしてみて「やっぱりダメだ」と思ったら、またアンテナを引っ込めて、別の人間を探す。こういうことを繰り返してほしいんです。どこかでいい友達が見つかる可能性はきっとあるはずです。

自分の置かれた立場を把握する

佐藤　それで、あなたは進学についてはどう考えているの？

生徒6　一応、日本の大学にしようと思っています。僕の親は、日本に来るまでは日本のことなんかクソだと思ってて、だけど日本に来て実際に暮らしてみて全然見方が変わったそうです。だから僕には「日本の大学へ行って、日本の企業に入って働け」と言っているんですけど、僕自身としては、ほんとにそれでいいのかっていう感じがしています。

佐藤　われわれ沖縄人について言えば、いま沖縄には4通りの沖縄人がいます。まず、「自分たちは沖縄人性はまったくない」「完全な日本人だ」と、こういうふうに考える「沖縄人」。ところが、自分たちは完全な日本人だということを強調するということは、奥底において同化しきれていない、日本に受け容れられていないという、そういう思いがあるんですね。2番目は、「これまで沖縄とか日本とかいうことを考えたことはない」「しかし自分のルーツは沖縄にあるんだ」っていうことを漠然と考えている「沖縄系日本人」。これがいままでボリュームゾーンでした。それがここ2〜3年の辺野古の新基地建設問題をめぐり、沖縄と中央政府との軋轢《あつれき》が強まるにつれて「沖縄の利害と日本の利害が決定的に対立する場合においては、沖縄の側をとる」「日本のために沖縄が犠牲になる必要はない」と考える人々が増えてきた。これが3番目の「日本系沖縄人」ですね。自己決定権を重視する人たちと言ってもいいです。そして4番目は「われわれは日本人ではない」「沖縄という言葉自体が支配者である日本に押しつけられたものである。われわれは琉球人だ」という「琉球人」。民族自決権を行使して、即時独立しようと考える人たちです。

日本に過剰同化している1番目の人たちと、4番目の独立論支持の人たち、それぞれ4〜5%ずつぐらいいます。後の大半は2番目と3番目の人々で、いま2番目から3番目に大きく移動しているという構図です。さて、私はいま自分の複合アイデンティティについて話しましたけど、あなたも複合アイデンティティを持っています。在日としての複合アイデンティティ、もしかしたら日本の国籍取得ということも将来は検討事項になるかもしれません。要するにあなたのエスニシティは韓国人なのだけれども、ネイションとしては日本を選択するということです。そうしたあらゆる可能性に備えて、自分が置かれているいまの状況を学術的な言語できちんと押さえておくということが大事だと思うんです。

それから、あともう一つは、腹の中では「日本人には負けない」という気持ちです。この気持ちを持ち続けて、自分自身の能力を強化していくことです。それも非常に重要。牙を研いでおくことです。

もし何かあったら、メールで連絡をくれれば、姜尚中さんを紹介します。彼は在日の二世で、韓国語は喋れませんが、韓国籍を放棄するつもりはないというスタンスの方です。彼は今も自分のアイデンティティに悩んでいる。姜さんとはたびたび仕事をしていますが、今度は「沖縄人と韓国人から見た場合の日本人とは、どういうふうに見えるのか」というテーマで書籍を作ろうと考えています。だからアイデンティティに悩んでいるのは決して君一人じゃなくて、濃淡の差はあっても、いろいろな場所に同じような問題を抱えている人たちがいるわけです。

頑張って。

生徒6　ありがとうございます。

哲学・思想の勉強法

生徒7　哲学や思想について、もっと勉強したいんですけど、どういうところから始めればよいのでしょうか。まったくの初心者です。

佐藤　君はなぜ哲学に興味を持ったのですか？

生徒7　この10年ぐらいの間にずいぶん人々の価値観みたいなものが多様化して、考え方も変わっていって、思想なんかも変わっていくような気がするんです。もう特定の方向に思想が収斂していくことはないように思えます。なかなかうまく言えませんけど、これから日本や世界がどうなっていくのかを考えたいと言いますか——。

佐藤　私も収斂《しゅうれん》しないと思う。結局、いまの時代の把握において何が難しいかというと、プレモダン（前近代）、モダン（近代）、ポストモダン（近代後）と3つの思想の流れがそれぞれ同時並行的に流れているのでたいへんわかりづらいんですね。それは中東などを見るとよくわかります。宗派対立や聖地の争奪はプレモダン、国家間の核合意や国交断絶はモダン、シリアの難民やイスラーム国というグローバルなテロリズムはポストモダン的です。

さきほどの話の繰り返しになるかもしれませんけど、あなたの場合は、まずは、いまの時代が見えている、優れた思想家が書いたものをいろいろ読んだほうがいいでしょう。その意味で私自身も注目しているし、私が勧めるのは、やはり柄谷行人《からたにこうじん》さんですね。柄谷さんの著書『トランスクリティーク』『世界史の構造』（ともに岩波現代文庫）、このあたりの本は歴史をトータルに見てプレモダンからポストモダンへの流れを摑んでいこうとしています。

それと同時に、あなたが最初にすべきなのは、やっぱり哲学の鋳型を勉強することですね。お勧めなのは、中央公論新社から2008年に出た『哲学の歴史』というシリーズです。12巻に別巻で全部で5万円近くする本だから、高校生は図書館で借りてもいいです。それをしっかり読んでおくと、古代から現代までの哲学の歴史を一応押さえられます。いい本だと思います。

「公平な社会」の重要性

生徒8　佐藤先生の本をいろいろと読んで、どうしても聞いてみたいと思ったことがあります。先生が外務省にいた当時、北方領土問題の解決に尽力していた数々のエピソードを読んで僕はすごく感動したんです。本の中でも北方領土問題の解決が目前に迫っているように感じたのですが、でもいまのニュースを見ているかぎりでは、再び解決が遠のいているように思います。水面下で何が起きているのか僕にはまったくわかりませんが、佐藤先生は現在の北方領土問題についてはどのようにお考えですか。たとえば四島返還ではなく、二島返還もありだとお考えなのかとか……。

佐藤　私は四島返還の旗は降ろさないほうがいいといまでも思っています。２０１５年８月に発表された安倍晋三総理の談話、いわゆる「安倍談話」は、戦後70年の節目に太平洋戦争に関する総理の歴史認識を言葉で表したものですが、あの談話の最大の問題は満州事変以降、あの一連の戦争を一括りにした点にあります。アジア諸国に対しては、日本は侵略を行っています。ですが、アメリカやイギリスやオランダとは対等の立場での帝国主義戦争でした。ではロシア・ソ連との関係はというと、当時有効だった日ソ中立条約を侵犯して攻めてきたのはソ連のほうです。その意味では、あの戦争において、つまり北方領土については、日本は明確に侵略を受けた側なんですね。それなのに力で押し切られたから、じゃあ諦めるということになると、ロシア人というのは日本を軽く見ることになりますよ。そうなると強く出てくるから今後にとってもよくありません。

それから北方領土交渉に関しては、外交交渉上の守秘義務があるので、あまり細かいことはこの場では言えませんが、われわれは、あたかも氷山があるように見せかけて外交をしていました。氷山は水面下に大きな塊がなければできません。ところがわれわれは、いわば割り箸の上に氷だけつけて、水の中にむりやり浮かべて氷山のように装っていたんです。それだから成功しているときはいいのですが、ちょうどそのとき日本では内政上の混乱が起こった。具体的には2001年の小泉政権の誕生、そして田中眞紀子さん——外交のことを何もわかっていない人でしたが——彼女の外務大臣起用です。しかし民意の代表者だから外務官僚は外相の命令を拒否することはできません。その結果、哺乳類が爬虫類に食われるというような弱肉強食的な状況が外交で生じることになったわけです。

でも、誤解しないでほしいのですが、それは仕方のないことだったんです。人生の巡り合わせでもあるし、民主主義はしばしばそういうマイナスなこともあるのだけど、それでも独裁制などよりはずっといいからです。もしも日本が独裁国家だったら、いまごろ私なんかとっくに殺されています。ところが獄中に512日も閉じ込められて、しかも両隣の房にいたのは死刑囚という、そんな環境にあったのに、それでも娑婆に出てこられて、しかも、その一連の経緯を本に書いて出版したら、社会で一定の人が評価してくれるし、復権もできるし、生活もできるという……その意味では、この日本の社会はやはりフェア、公平な社会なんですよ。

ただ、北方領土交渉に関しては、やはり密室外交が主体で、外交官たちが「われわれはエリートだから、われわれの思うとおりやるのが国民にとっていちばんいいんだ」という、ジャン＝ジャック・ルソーの一般意志、エリート論のようなやり方で進めてきたんですね。だけれども、いまでは「こういうふうに進めます」ということをいちいち国民に問うて、それで世論の確認をしながら一歩一歩進まないといけなくなりました。そうなると、大胆な交渉はできませんから、いまのような状況になっているのだと思っています。

人生について、生き甲斐について

生徒9　2点お伺いします。これは人生の先輩として聞きたいのですが、佐藤先生はいろいろな思想を学んでいて、いろいろな考えを知っていたりすると思うのですが、自分自身のお考えというか、たとえば人生についてどう思われますか。あとは、どういったことに生き甲斐を感じておられるのか、という点もぜひ伺いたいです。

佐藤　まずは生き甲斐を感じるときについてですが、ちょっと乱暴な話をします。私がこうやって1日を使って講演をしますよね。そうすると、いま売れている私の本の値段で比較すると機会費用、つまり「原稿を書いて最大利益を生む選択肢と、無償の仕事を引き受けたときとの利益の差」は約80万円ぐらいになります。1日、本を書く代わりに別のことをしていると80万円失うことになる。それだから講演のお話はたくさんいただきますが、ほとんど断っています。

　では、なぜ今日私はここに来たのかというと、それはやっぱり若い皆さんに伝えたいことがあるからです。若い世代に自分の経験を伝えて、同時に、私が犯してきたような失敗を繰り返してほしくないと思うからなんです。皆さんはたしかに頭がいいかもしれない。理解力や知識は大人とそれほど変わらないと思います。しかし、洞察力や判断力といったものは、ある程度の経験を積まないとわからないところがあります。つまり、失敗するリスクは、どんなに頭が良くて優秀でもゼロではないわけです。

失敗しそうになったとき、私はギリギリのところで踏みとどまって生き残ったことが何度かあります。そのときのノウハウ、極意というのは伝わると思うんですね。こういうノウハウを若い人に伝えられたら、これは私にとってはとても嬉しいことなんです。

善いことをしたいと思ってやっているわけではありません。私は予定説の立場をとっています。その人間が神に救済されるかどうかはあらかじめ決まっていて、この世界でいくら善行を行ってもそれは変えることができない、神の意思は人間の行動に左右されないという立場です。それよりは自分のノウハウを伝えたいという気持ちが強いです。

古典を2つ勉強する

先ほどの話と重複するかもしれませんが、私の考え方の基本になっているのは、チェコの神学者でヨゼフ・ルクル・フロマートカという人です。それとカール・バルトという20世紀最大のスイスの神学者、この2人に私は非常に強い影響を受けました。フロマートカについては、2014年に『人間への途上にある福音　キリスト教信仰論』（新教出版社）

という翻訳書が出ています。私が監訳を務めていますが、そこに詳しいことは書いてありますのでそちらを参照してください。

もう一つ、私の考えのベースになっているのは、さっきも触れたとおり、「物事を理詰めに見ていく」という意味での宇野学派（宇野経済学）です。

そこで皆さんに勧めておきたいのは、専門家が書いて翻訳書が出ている思想や理論、ヴィトゲンシュタインでもフッサールでも、ヘーゲルでもいい、あるいは『太平記』でも、『源氏物語』でも、『旧約聖書』でも、『論語』でもいい、そういった古典を2つ勉強しておくことです。一つだと、その世界にのめり込んでしまう可能性があるので、まったく別の体系、別の価値観をもった、ずっと長きにわたって読まれ続けている古典を2つ押さえておくといいです。大事なことは「すぐには役に立たない勉強をする」ということです。「すぐに役立つことはすぐに役立たなくなります」。これは終戦直後まで慶應義塾大学の塾長を務めた小泉信三さんの言葉です。でも、いまの時代と合わなそうな古典というのは、長年にわたって読み継がれてきただけあって、中長期的には必ず何らかの役に立ちます。それだから高校時代に古典の入り口に触れておくというのは、すごくいいことだと思います。

私の場合で言えば、先ほどの講演でもお話ししたように、浦高時代の恩師の一人である堀江六郎先生、その堀江先生がラインホルド・ニーバーの『光の子と闇の子』、この本を紹介してくれなければ、私は神学と出合わなかったと思うんですよね。ニーバーの考え方自体には、私は共感を持ちませんでしたが、神学への道筋はこの堀江先生を経なければならなかったわけです。後で知ったのですが、この堀江先生は、東京大学の倫理学科を出て大学院まで進んで、金子武蔵《たけぞう》さんという哲学・倫理学の有名な先生について、それでニーバーの倫理学、道徳的人間と非道徳的な社会という研究をしていた人でした。結核になったことで学者の道を選択しなかったようなのですが、本来は大学教授になってもおかしくない方だったんです。そんな人が浦和高校で授業をしていたんです。

また、私が通っていた時代の浦高には井上浩先生という政経の先生がいました。この方は東京教育大学（現・筑波大学の母体）出身で、杉本栄一という旧制東京商科大学（現・一橋大学の前身）の著名な経済学者に私淑していました。井上先生は近代経済学とマルクス経済学の双方に通暁していたので、私はこの井上先生を通じて、マルクス経済学だけじゃなく近代経済学の考え方も教えてもらったのですが、この経済学の2つの大きな流れに双方ともに触れておくという体験も、その後の自分の人生にとてもプラスになりました。ですから、そういう古典の勉強をしておくことをみんなに勧めます。皆さんにはそれができる能力があるはずです。

第3章

不確実な時代を生き抜くために知っておくべきこと

受験は「総合マネジメント能力」

浦高名物行事の一つである「古河強歩大会」は毎年11月に行われる。浦和から茨城県古河市まで約50.2kmを7時間以内に完歩する。

＊本章は、2017年12月2日、生徒の保護者を対象に行われた講演を再構成したものです。

大学卒業後に活躍する人材とは

今日は保護者の皆さんに本音でお話ししたいと思います。

この浦和高校という学校は、日本の中で残っている数少ないエリート校だと思います。ここで言う「エリート校」とは「将来において各界で力を発揮する、真の意味でのエリート（選良）を育てようとしている学校」という意味であって、「偏差値が高い」とか「将来性がある」とか、「難関校に入った」とか、狭義の意味で使っているわけではありません。

東京大学の合格者の数だけを増やすということは、いわゆる受験上のテクニックや技法を駆使すればどんな学校でもある程度は可能です。でも、それは一人ひとりの生徒の適性よりも、学校としての名声や世間体を重んじた、新興の受験刑務所型の学校で盛んにやっていることです。「お前は数学が苦手だから受験では数学を捨てろ」「お前は成績優秀だから必ず東大の理Ⅲを受けろ」みたいな指導ですね。でも、そういう受験刑務所のような学校を出て仮に東大に入れたとしても、その子はその後も順風満帆かというと、そうでもない、むしろ勉強についていけず留年したり、社会に出てもいまひとつ活躍できていなかったりと、そういう例がいくらでもあります。

その点、自分の母校だから褒めるわけではありませんが、浦和高で学んだことを活かして、どの大学に入っても、その先で活躍できている人間が多い。それがなぜなのかということを探求するのがこの講演の大きなテーマになります。

浦和高と感じが似ている学校というのが、私が知っているところではいくつかあって、そのひとつが兵庫県の私立灘高校です。その灘高の生徒たちが、なぜか「OB訪問」という名目で毎年20人ぐらい、もう6年連続で私の事務所にやってきます。私は灘の先輩ではないにもかかわらずです。『君たちが知っておくべきこと　未来のエリートとの対話』（新潮社）という本にもなっています。

では、なぜ彼らがやってくるのかというと、それはこういうことなんです。彼らは自分の親たちがかつてエリートコースとして考えてきたコース――たとえば、灘高から東大文Ⅰに入って弁護士になる、あるいは東大の理Ⅲに入って医者の道を歩む――そういったコースが揺らぎ始めている、もはや真のエリートコースじゃないんじゃないか、っていうことに気がついているんですね。それだから、東京の第一線で活躍してる人たちからいろいろ話を聞いてきなさい、と、そういう行事があるんですね。上京して1週間かけていろんな人と会って話を聞く。そこのところで私のところにも来るんです。

海外の名門大学が選択肢に

生徒たちが用意してくるのは、「アーネスト・ゲルナーとベネディクト・アンダーソンのそれぞれのナショナリズムの定義上の差異について、どういうふうに考えるか」とかこういった話で、大学のゼミナールでやるようなテーマを掲げてやってくるんですけれども、その中でちょこちょこっと、こんな質問が飛び出します。

「僕は弁護士になりたいのですが、東大の文Ⅰには行きたくないんです」と。ずいぶん贅沢な悩みですよね（笑）。では、どうして彼がそう考えたかというと、東大の文Ⅰに行くと、「大学を出てから、さらに法科大学院に行く人間」イコール「学力が遅れている」という扱いになるというんですね。司法試験には予備試験という、法科大学院に行かなくても司法試験受験資格が得られるという試験があります。これは本来は、法科大学院に行く経済的な余裕がない人、あるいは社会人になって仕事があるので法科大学院に通う時間がない人らを対象とする特別枠の試験なのですが、いまでは主に東大の文Ｉの学生が合格するための試験になっています。つまり、法科大学院には行かずに予備試験を通り、そのまま続けて3年生で司法試験に最短で合格するというのが、東大法学部に進む人たちのエリートモデルになっているんです。

で、さっきの灘の弁護士志望の生徒が言うわけです。「ですから佐藤さん、大学3年で司法試験に通って中退してしまったら、大学で英語や歴史も、思想や哲学の勉強もできない。だから僕は文Ⅲに進んで、まずは歴史を専攻したい。弁護士は、大学卒業後に法科大学院へ入り、それから弁護士資格を取って、そのあとアメリカの大学に留学してからでい い」とまあ、このような人生設計をたてて実行しようとしている。これが受験産業や受験刑務所型の学校なんかですと、「おまえは成績がいいから、何が何でも文Ｉに進めばいいんだ」と、指導されるわけですが、灘高の場合はそうはならない。

そもそも灘高生ぐらいのレベルになると、海外を視野に入れた人生設計が当たり前になっている。灘高を出てそのまま、アメリカのイェール大学に進学する生徒も出てきています。ご承知のとおり、イェールはハーバードなどと並んでアメリカの最難関大学の一つで1

年間の学費だけで700万円、大学院まで行くと5000万円近くかかってしまいます。

たとえば、日本で大学の先生になろうと考えている生徒は、日本の修士・博士号も疎かにはできないということで東大の文Ⅲに合格し、休学してイェールに進むとか、そういう進路を描いています。その他にも世界で勝負したいのでケンブリッジ大学に進学したいとか、片道切符で外国に行って活躍しようという生徒も多いです。

弁護士や公認会計士になれば幸せになれる?

私は浦高の生徒たちからも、ときどき進路の相談をeメールでもらうことがありますが、彼らが将来を判断するための情報が古いなと感じることがよくあります。2015年に生徒の前で講演した後にも感じた（第1章参照）のですが、文科系の生徒たちに「君は将来何になりたいですか」と聞くと、弁護士や公認会計士になりたいという声が多かった。

私はそれを聞いて少し危機感を持ちました。

たとえば公認会計士の試験はいまでもとても難しい。合格者の大半は東大や一橋、早稲田・慶應といった優秀な大学の学生です。ところが、公認会計士の資格というのは、厳密には、まず公認会計士試験に合格し、監査法人で2年間実務につき、さらに補習所で単位を取得したあと、もう一度試験に合格しないと取れません。いま、監査法人に就職できるのは公認会計士試験全合格者の8割と言われていて、2割はあの難関試験を突破しても公認会計士の免許をとれないリスクがあります。

あるいは司法試験。司法試験改革によって、昔の3倍の合格者が出るようになりました。相当易しくなったとも言えるんですが、いま若手の弁護士って毎年60人ぐらいずつ廃業しているんですよ。それは弁護士会の会費、月5万円が払えない人が多いからなんです。年収100万円台の弁護士とか、普通にいる時代です。ちなみに奨学金を使って法科大学院に進学すると300万~400万円は借金を背負うことになります。そうすると、本当に法曹に関心があって法律家になりたいという熱い思いがある方はいいのですが、なんとなく司法試験に合格すればバラ色の未来が待っているんじゃないかぐらいに考えているような人は、そんなに甘くないよ、という話になるわけです。

ただね、浦高生と少し話してみると、彼らが「将来なりたいもの」の動機って「親に喜んでもらいたい」という気持ちが強いんですよ。とくに母親。浦高生の特徴は、お母さん大好きなこと。また、お母さんも浦高生の息子が大好きですから（笑）。ですから、皆さん心配しないでも大丈夫ですよ。息子さんが社会人になって初任給をもらうと全額お母さんに差し出すか、あるいはプレゼントをちゃんと持ってくるような子に育ちます（笑）。

でも、それは同時に、お母さんのことを生徒たちがすごく考えているんだっていうことでもあるんですよね。過剰なほど意識してる。だから、お母さんから来るプレッシャーというのは、ものすごい浦高生にとって強いものがある。つまりお母さんたちが「弁護士になって」「公認会計士を目指しなさい」というような、従来のエリートコースだったような道に進んでほしいと言い続けることが、お子さんにとって余計なプレッシャーにならないか、そのあたりはよく考えたほうがいいと思います。どういうふうに接すれば自分の息子が本当に幸せな人生が歩めるのか——これは世間体であるとか、世の中の評価とは別に、本当はお母さんが一番よくわかってるんじゃないでしょうか。

受験に奇跡はない

受験に奇跡はありません。まぐれで受かることもなければ、まぐれで落ちることもありません。これは能力や学力だけの問題ではなく、現行の受験制度に対する適性、適応力、あるいは、日頃の勉強を効果的に進められるようなマネジメント能力の問題が大きいのです。つまり18歳、19歳の受験の時点で必要とされている学力や適応力、総合的なマネジメント能力が、そのまま正確に反映されるわけです。

この浦和高校みたいな学校は、だいたい埼玉県内の中学校ではトップ、浦高にたくさん進学するような中学校でも10番以内、そういう生徒ばかりですよね。そんな生徒たちにとって最初の難関は、実は1年生の夏休みです。中間試験で今までとったことがないような「クラスの真ん中以下」という成績をとると——私もその1人だったんですが——そのあとの夏休みの過ごし方をどうするかでその後が大きく変わってきます。

岡田尊司《たかし》さんという京大の医学部を出た精神科医がいます。彼は『インターネット・ゲーム依存症　ネトゲからスマホまで』（文春新書）という本を出している人ですが、こういう趣旨のことを言っています。

「インターネット・ゲーム依存症になるのは、高偏差値の中学生、高校生が非常に多い。とくに危ないのは1年生の夏休みで、いままで学力ではトップクラスだったけれど、初めて真ん中以下なんて成績を取った。それだから、もう勉強する気をなくして、『自分は勉強ではなくゲームでトップになる』と。それでだんだん引きこもりに入っていくというケースが非常に増えている」

私も浦高にいたので、この雰囲気はよくわかります。

「受験ポルノ」に注意

受験に関しては、皆さんに一律のアドバイスはできません。現在1学年が約360人の県立浦和、その同じ浦高でも校内で50番以内の人、100番以内の人、200番以内の人、200番台の人と、301番以下の人とでは、それぞれ立てる戦略が異なってきます。

共通して言えるとしたら、これは繰り返し言っていることですが、受験産業に踊らされないことです。受験産業というのは、最終的にはあの人たちのビジネスなのであって、生徒の適性を考えたアドバイスはしないし、できません。「東京大学に1人でも多く入れる」「東大がダメなら、早稲田大学や慶應大学なりに1人でも多く入れる」というのが、そのまま彼らにとってのビジネス、つまり売上増につながるわけです。受験産業は大学進学後の面倒までみてくれるわけではありません。

あと、もう一つ言えるのは、あえて私はこういう呼び方をしますけど、「受験ポルノ」に気をつけてください。よく「息子3人を東大の理Ⅲに入れた」とか、「学年でビリの子が慶應のSFC（湘南藤沢キャンパス）に入った」とか、あの手の類の本を読んで「ああ、こういう凄いことがあるんだ。面白いな。興奮するな」と感情を高ぶらせる親御さんがいます。つまり一種のポルノ小説と同じ構造なんです。東大理Ⅲや慶應のSFCに入って、それでその子の人生が素晴らしいものになればいいんですよ。でも、優秀な大学に入学できたことと、それによって本人がその後も幸せになれるかどうかっていうのはまったく別の問題です。

これも生徒さんの講演の際に話しましたけど（第1章参照）、外務省にはときどき東大の理Ⅲを中退して外交官に転身してくる人がいます。目の前にある一番高い山を登っているうちに理Ⅲに入ったけど医者としての適性がまったくなかったというタイプです。私が知っているその人は結局、本省では小さな課の課長をやって、そのあと小さな国の大使をやって終わりました。本人は「医者にならないで本当によかった」と言っていましたけど、その人は文学的なセンスもあったし、思想史については本当に知識が豊富でした。もし彼が東大の文Ⅲに進んで哲学科、仏文科とかそちらの方面に進んでいたら、いまごろは確実に大学の先生になっていたでしょうし、いい業績も残していたと思います。

東大の理Ⅲ、医学部は1学年100人ぐらいいますが、医師国家試験に毎年確実に全員が受かるわけではありません。7～8人落ちています。これは医学部としてはかなり高い確率です。どういう人が落ちるかというのを、同じく東大の理Ⅲを出て、受験界ではカリスマ的な立場にいる和田秀樹さんが次のように言っています。和田さんによれば、東大医学部を出て医師国家試験に落ちるのは3タイプあるそうです。1・遊びほうけた人。2・心の病にかかった人。問題は3番目で「完璧主義、物量主義の人」です。どういうことか。

大学入試までは、完璧主義、物量主義で一応やり抜くことができる。ところが、そのあと、つまり国家公務員試験や外交官試験や医師国家試験は、一定のヤマを張らないと絶対に受からないタイプの試験です。端から端まで全部潰すというやり方だと、確実に時間切れになります。それだから、完璧主義、物量主義の人は、何年やっても医師国家試験に受からないし、司法試験にも国家公務員試験にも受からない。受験が総合マネジメント能力だっていうことは、そういう意味でもあるんです。

後期試験廃止の真相

東京大学は２０１５年まで、後期試験という入学試験を行っていましたが廃止されました。二次試験が論文一本という、この後期試験はなぜ廃止になったか。実は東大の文科系からは、この後期試験によって非常に優秀な人が出ています。たとえば現在は首都大学東京の先生で憲法学者の木村草太さん。彼は後期試験合格者です。しかし、東大の内情に詳しいある人に聞いたところでは、どうやら理科系のほうで問題が生じたらしい。

どういうことかと言いますと、通常の東大生は1年、2年を駒場キャンパスで勉強して、3年生のときに成績によって進学振り分けを行うのですが、理科系なのに数学の成績がクリアできずに進学できない学生が何人か出てきた。そこで、後期試験は本人にとって不幸になる制度だから止めたという要因があるようです。

２０１６年度から東大は推薦入試を始めました。これは数学オリンピックで優勝したとか、かなり高いレベルが基準になりますから、文字どおり一芸に秀でたスーパー高校生に来てもらうための制度ですね。それならば、普通に東大を受けて理Ⅰか理Ⅱに入るほうが簡単ということになります。受験のところで小手先で無理をしても、その無理は必ず後で本人に返ってきます。

守る・破る・離れる

ここで強調しておきたいのは総合的な学力の必要性です。

浦高みたいな学校の教育のいいところはですね、OS、つまり自分の頭というコンピュータを動かすための「総合知」という名のオペレーティングシステムをしっかりとつくってくれるんです。ここで思い出すのが、よく校長の杉山剛士先生がおっしゃる「守《しゅ》・破《は》・離《り》」、いわゆる修行を3段階で表した、日本の芸事や武道などでよく用いられる考え方です。第1段階としては師匠について型を「守る」。第2段階では、その型を自分流にひきつけて考えることで、自分に合った型をつくる、つまり既存の型を「破る」。そして、従来の型から完全に自由になり、型から「離れ」て発展していく——これが「守・破・離」です。

高校1年生のときには、たとえば数学ができないということだと追試もある。そこで型をしっかり覚えてもらう。そこから型破りの形にして、さらに自由にしていく――浦高のような学校ではそれをほぼ全科目にわたってやっていく。基本、知識が欠損しないような形の教育を行っているはずです。

ただし、この「守・破・離」をもっと徹底したスピード重視で実践している学校はいくつかあります。これも生徒の前でも話したことですが（第1章参照）、先ほど紹介した灘高や女子校の桜蔭などは中高一貫校ですから、たとえば中学校の教科書は使わずにいきなり高校の教科書から始めたりします。優秀な子を集めているからノウハウがあればそのぐらいは簡単にできるわけです。

これは浦和高校のような公立高が悪いわけでも何でもないのですが、日本の公立の中学校と高校の教育内容の接続が良くないんです。中学まではあらゆるレベルの子が集まる義務教育、高校から任意になっている関係で教育内容に無意味な重複がある。私が見るところ、優秀な子にとってはトータルで1年間以上のムダがあります。

浦高に入れるような子たちだったら、実は灘や桜蔭のように中学の段階から高校の教科書で学ぶことが可能です。社会と国語ならば十分ついていけるし、数学も、補足のプリントを加えればやっていける。そうして高校2年生の秋ぐらいまでにすべての科目を全部やり終えてしまう。受験刑務所のような学校とは違って、灘や桜蔭は文科系・理科系の知識をバランス良くつけます。それだから総合知のOSがしっかり蓄積されるし、残った時間を受験勉強に費やせるから、大学進学率も抜群にいい。そこはやっぱり浦和高校のような公立学校には厳しいところがあります。

まだある地方県立高の雄

私はいま、同志社大学の神学部で学生を相手に講義をしていますが、ときどき大変優秀な学生に出会うことがあります。いまは2回生の女子学生ですごく優秀な子がいる。

彼女は英語もできるんですが、数学もしっかり押さえている。あるとき、学生たちの基本スペックを確かめようと思って数学の抜き打ち試験を行ったんです。高校認定試験のレベルで51点が合格ラインです。どうせうちの大学は文科系だから、抜き打ちでやれば1ケタぐらいの点数が続出して、そこで数学の重要性について説教してやろうと思っていた。ところが、ほぼ全員が75点以上だった。満点に近い点を取った学生もいました。

「いったい、君たちはなんでそんなにしっかり数学を勉強したの？」と思わず聞いたところ、「だって佐藤先生、本にも書いてたでしょう。『神学を勉強するときも数学は必要になるから捨てるな』って。だから、捨てませんでした」と答えた。

それを聞いた私は大変嬉しくて、さらに「君ぐらいの学力があれば京大にも行けるのになぜ同志社へ来たの？」ということを尋ねてみたんですね。すると、その優秀な女子学生が次のようなことを言いました。

「私はどこそこに就職したいという就職の目標がなかった。公務員試験を受けるとか、留学したいとかいう希望もなかった。そもそも将来何になるかについて、世の中の仕組みがどうなっているのか、どういう仕事があるのかってことも知らないから、幅広く教養をつけたかった。そのときに、同志社の神学部は必修単位が2単位だけで、あとは自由にどの科目でも取れると聞いたからこの大学・学部を選んだ」と。彼女が高校の先生にそれを伝えたら、「そんなところに行って就職先があるのか」と言われた。そこで父親に相談したら、「大学は就職予備校じゃない。おまえが好きなことをやれ」と言われたので来た——と、そのようなことを言ったんですが、将来的には、彼女は自分が望むいちばんいいところ、つまり自分が希望するとおりの仕事に就ける人材に育つと思います。

それで、その子の教育がどうしていいのかなと思ったら、彼女の出身校が浜松西高校だったんですね。浜松は浜松北高というのが浦高みたいなもので、浜松西高は前身が旧制第二中学なのですが、浜松北に負けず劣らず優秀な公立高です。昔の警察庁長官でオウム真理教事件のときに何者かによって狙撃された國松孝次《たかじ》さんの母校でもあります。

この浜松西高は2002年に中高一貫校になって、さっき話したような「中学・高校1年間のムダ」を無くしています。しかもこの学校も文科系、理科系を基本的に分けずに、数Ⅲ以外のほぼすべての科目を2年生までにやらせる。こういうやり方ですから知識の欠損がないんです。彼女もそうやって勉強してきて、余った時間で吹奏楽と読書に打ち込んでいたそうです。それだから、大学に入ってきたらすごく伸びるし、このまま教養をつけていけばケンブリッジ大学やオックスフォード大学に出しても十分通用するぐらいの地力があるんですね。

制約の中で努力する力

浦高には付属中学はありませんから高校の3年間だけですが、そういうベーシックな知識が身につくようなカリキュラムや行事が組まれていると思います。

5月には10キロを走る新入生歓迎マラソン、秋には浦和から茨城県の古河市まで約50キロを走る通称「古河マラソン」。無関係の人には、あれは虐待マラソンとしか思えない(笑)。1年から3年まで全クラス対抗のスポーツ大会もあります。センター試験直前なのにラグビー大会やってケガしたりとか。それだからよく親が心配するわけです。「なんであんなマラソンとかラグビー大会とか、そんなことばかりやってるんだろう。そのぶん受験勉強の時間に回してくれればいいのに」とか。

でも違うんです。実は、これが重要なんですね。世の中には与件、つまり、あらかじめ与えられた条件というものが多々あります。社会人になってからはとくに、皆さんもそうだと思うんですが、馬鹿馬鹿しいなと思っても避けられないような与件が人生にはいろいろあります。誰でも、いつだって最高の条件の中で仕事ができるわけではありませんよね。その与件もしくは制約の中で、最大限の力を発揮する——私が繰り返し言っている「総合マネジメント能力」というのはそういうところで自分で苦労してから、ついてくるものなんです。浦和高校には、計算尽くではないけれども、そういった本質をよく理解しているところがあって、伝統的な行事を潰さずに残していることで、生徒たちの自己マネジメント能力を強化しているのだと思うんです。

ただし、時間不足の問題は出てきます。杉山校長先生も「浦高生にとって最大の問題は『時間（が足りないこと）』」とよく言っておられるように、時間不足、つまり準備が足りない状態で受験を迎えなければならないというケースはよくあることだと思います。

それだから、1浪まではこの学校の場合は意味があります。なぜなら、時間不足であるがゆえにいまは到達していないけれども、1年間浪人することで到達できる可能性が十分あるからです。それはこの学校の東大とか一橋とか東工大の合格者数が示しています。

ただし、浦和高校の場合、2浪以上は私は意味がないと思う。どうしてか。仮に2浪で東大に入ったとします。これは他人と同じことをやるのに時間が3倍余計にかかってるということでもあります。私などは外務省で研修指導官をしていたからよくわかるのですが、仕事が遅そうな人は原則的に採用しません。

実際、採用する側というのはよく見ています。浦和高校とか、あるいは都立西高校のような公立高校、つまり、3年間でいろいろやらなくてはならない伝統的な行事がたくさんある公立高の子たちというのは私立の進学校と比べて1年ぐらいは余計にかかるだろうから、入学が1年遅れたぐらいでは全然マイナス評価にはなりません。

ちなみに高校時代の出席日数も結構重要なポイントになります。私が外務省の試験に合格したとき、高校のときの担任から電話がありました。「外務省の調査が入った」と。高校時代の成績なんて、なんで調べるのかなと思ったのですが、のちに外務省の人事関係者から話を聞いてよくわかりました。そうです、彼らは出席日数を調べていたんです。高校時代に欠席日数が多い人間は、外交官になってキツい職務に就いたときに身心が折れる可能性が高いということを経験則で知っているんですね。

数学の崩壊が「分数のできない大学生」を生んだ

さて、これもまた皆さんや学校のせいではないのですが、いまの日本の教育はとても老朽化しています。このことについて、私は2017年に文藝春秋から出た『2018年の論点100』に書いて、かなりの反響がありました。

いまの大学センター試験の前身にあたる共通一次試験が導入されたのは1979年です。私が大学に入学したのも同じ年でした。この共通一次試験によってマークシート式の試験が市民権を得た。偏差値による大学の振り分けはこのときから始まったとも言えます。

共通一次試験が導入されて何が起きたのかというと「文科系の数学離れ」です。最後まで頑張っていたのは、慶應義塾大学の経済学部と同志社大学の商学部です。この2つの学部は数学が受験の必須科目でした。ところが、数学が必須だと点数が低くなるからどうしても偏差値が下がります。慶應大学の経済学部はいわば看板学部ですよね。それなのに、数学が受験科目ではない早稲田の政経学部よりも、慶應の法学部よりも偏差値が低く、そのためにOBたちが大騒ぎをしたんですね。それで、数学を外したら、偏差値はパーンと跳ね上がりました。

でも、その結果として何が起こったでしょうか。いま、日本の大学生で「2分の1」+「3分の1」を「5分の2」と平気で答えるような大学生が全体の17パーセントもいるんです。これは難関の私立大学も含めた数字ですよ。

私が先ほど、受験刑務所型の学校に問題があると言ったのは、端的にそこに表れています。受験刑務所型の中高一貫校では中学1〜2年生のときに数学の適性を見る。で、あまり伸びなさそうだと判断されると中学生のときから早慶に特化させてしまう。英語・国語・社会科の3科目をひたすらやらせて、それ以外の科目は実質的には修得してなくても単位をあげる。それだから、中学校程度の数学のレベルにも達していないような大学生が難関大学の中にもかなり出てくるのです。

戦後教育と零戦の共通点

私がしばしば話題にする、外務省の研修生がロシアの大学で落第した話があります（第1章参照）。外交官試験に合格した優秀な研修生2人をモスクワの高等経済大学に留学させたら成績不良で落第してしまった。問題はロシア語の能力ではなく、数学・論理学・哲学史の3つにあった。数学は偏微分方程式が出てくるとさっぱりわからない。これはいまの数Ⅲの教科書にも載っていないから、彼らがわからないのは当たり前ではあった。線形代数学は教科書には少し入ってるけど、それでは大学レベルの経済学には対応できない。

論理学については、これはさほど難しい論理学ではなく、古典的なアリストテレスの論理学で、同一律、矛盾律、排中律と、この3つが使えれば背理法が使えるという非常に簡単な論理式の話で、これは高校の数学でも習う。この論理学がわからないと外国人とのディベートができない。哲学史は世界レベルの思考の鋳型を知るためには必須の教養です。

そのときにロシア人の先生からこう言われました。

「われわれはロンドンのスクール・オブ・エコノミクスとダブル学位が取れるように単位交換をしてるから、ヨーロッパの大学と比べてそんなに変なカリキュラムを組んでるわけではない。日本の学生が真面目で優秀なのは認めるが、日本の教育カリキュラムがちょっと違ってるんじゃないのか？」。確かにそのとおりだったんです。つまり、グローバル時代の教養として必須の数学・論理学・哲学史を学べるような、そんな教育環境が整っていないということでもあります。

この戦後教育の構図はですね、戦時中の零戦とよく似ていると思います。零戦の正式名称は零式艦上戦闘機といいますが、この零式とは１９４０年、つまり日本の皇紀２６００年につくられた飛行機だから零戦なわけです。この零戦は11型、21型、22型……といった具合にマイナーチェンジを5年間も繰り返してきました。最初の2年間はアメリカの戦闘機に勝ち続けたんです。ところが、そのうちにアメリカの戦闘機もどんどん改良されたので零戦は勝てなくなってしまった。戦争の最後のほうでは特攻機として敵の戦艦に突っ込んでいくしかなかったわけです。日本の戦後教育も最初はよかったかもしれないけど、どんどん古くなってしまっている。海外の戦闘機と渡り合うのに、日本の古いままの戦闘機で闘いなさいと言っているようなものなんです。

2020年度からの「大学入学共通テスト」

さすがに文部科学省も20年ぐらい前から、「いまの日本の教育はヤバい」ということに気づいたようで、それが現在のアクティブラーニングといった流れにつながっています。

ただし、この点でも浦高生はあまり心配する必要はありません。杉山校長が2016年3月14日付の日本経済新聞に寄稿した「実践アクティブ・ラーニング」という記事があります。「生徒刺激型授業」や「生徒参加型授業」といった、生徒に積極的に考えさせるという新しい形の授業を採り入れることで、2020年度の学習指導要領の改訂から本格的に始まる新しい制度を浦高では先取りしていたという内容です（第4章参照）。

これまで学習指導要領は何度も何度も改訂されているんですが、これは根本的には大学の入試が変わらないと変わりません。2020年度から大学センター試験が廃止されて、その代わりとして「大学入学共通テスト」が始まります。数学はマークシートだけではなくて記述問題が出ます。歴史や社会科でも記述問題が入ってきます。

英語は、英検、TOEFL、IELTS、こういった外部試験が主体になります。過渡期はあるにせよ、いずれはこういうふうになる。この方向性は正しいと思います。2020年度に小学校の学習指導要領、21年度に中学校の学習指導要領、そして22年度に高校の学習指導要領がそれぞれ改訂されて、そのあと、歴史総合、地理総合といった新しい科目ができて、これは現在の最前線の国際スタンダードの水準になっていきます。

そうなると、大学入学共通テストの導入や学習指導要領の改訂は、いわば自動車や飛行機と同じで、新しいモデルが世に出て最初の10年間ぐらいはいろいろ故障します。それだから、いろいろと軌道修正はあるだろうけれども、走行や飛行が安定した後というのは、スペックが高い車体、機体ですからずっと長く乗り継がれるようになります。これと同様に、いまから20年後の大学生たちのスペックというのはおそらく非常に高くなります。いまの大学生よりもずっと高いレベルになるでしょう。つまり旧世代の教育を受けた層は簡単に追い抜かれることになります。

私はいま57歳ですから、20年後には77歳で現役を引退しています。逃げ切れる。でも、皆さんの息子さんたちはそのころ30代後半ぐらいですね。そのときに新規準のスペックを身につけておかないと、後から学んだ学生たちに簡単に追い抜かれます。いま20代、30代の人たちにとって、これはすごく深刻な問題になるはずです。

受験に関係なくても捨ててはいけない

では、いまの高校生、これから大学生になる人は何をしっかり学んでおけばいいのかという話をします。

これはとても重要な話なので、いろいろな場所で何度も話していますが、まず、文科系の人は絶対に数学を捨てないでください。「数学を捨てるな」という話をすると、「それでは数学は数ⅡBまでやればいいのか」という質問をされることがありますが、ぜひ数Ⅲまで履修しておいたほうがいいです。数Ⅲに登場する極限という考えや微分積分はとても重要ですし、これからますます比重が高まってきます。文科系志望であっても数学が得意な人は、数学で受験するという方法もあります。法学部も経済学部も文学部も、数学でも受験できる大学はたくさんあります。とにかく、数学から離れないようにすることがとても重要です。

逆に、理科系の人たちは国語と歴史を捨ててはいけません。浦和高校の場合はですね、理科系クラスでも歴史の授業が最後まできちんとあるでしょう。いわゆる受験に特化している学校では、理科系の生徒に日本史Aや世界史Aを取らせているところが結構あります。世界史A、日本史Aは近現代史を中心とした、実業高校でのコースです。しかし、理科系でも将来、歴史の知識はイノベーション、技術革新について考えるときなどに大いに役立ちます。

たとえば小保方晴子さんのSTAP細胞事件。あの事件の本質について知るためには、中世の錬金術に関する知識、あるいは高校の倫理のレベルに登場する心理学の知識がとても重要になります。錬金術というのは、非金属が貴金属になり、鉛が金になり、ときには馬糞が金になるという、どう考えてもありえない話ですね。ところが、過去の記録文書には、「鉄が金になった」「馬糞が金になった」っていう記録があるんです。それはいくらなんでも非科学的だという形で、人々は錬金術を単なるオカルト、怪しいものと考えました。

ところが、スイスのカール・ユング——もちろん高校の倫理の教科書にも出てきます——このカール・ユングという心理学者が、1944年に『心理学と錬金術』という本を書きます。「錬金術というのは、客観的な物が変わる現象ではなくて、人間の心理を支配する行為だ」と。錬金術師は自分の周囲の人々の無意識を支配する。そして「それは絶対に正しいんだ」と周囲の人に思わせることができるようになったときに、はじめて錬金術は成功するのだ、というわけです。

小保方さんはAO入試で難関をくぐり抜けてきた方で、いわゆるペーパー試験による入試をほとんど経験していません。世の中には、周囲の磁場を変化させる特殊な力を持っている人がいるんです。その人と話をしていると、その人が言っていることがすべて本当のように見えてくる。その特殊な力が結局、理化学研究所という日本の超エリート集団の磁場を変化させて、ああいうSTAP細胞があるとみんなが思いこんでしまった。

でも、もしも、理研の研究員たちがユング心理学の勉強をしていて、錬金術がどうやって起きるかっていうことを教養として押さえていれば、「われわれは心理的に操作され過ぎているんじゃないか。もう一度検証してみようか」と気づいたかもしれません。

文系ならば文系、理系ならば理系というのではなく、文理融合の形での教養・教育がこれからの時代にはますます必要とされてくるはずです。

英語・語学についてはどう考えるべきか

もう一点、これは日本の高校、大学全体の課題でもありますが、英語力を強化する必要があります。私が個人的にお勧めするのは、入試用の英語の勉強ももちろん大事ですが、それ以上に勉強するのだったら、まずは英検、英語検定をしっかりおさえておく。英検の準1級をとりあえず目標として、英検の準1級が取れたところで今度はIELTSに進む。これはイギリスのケンブリッジ大学英語検定機構やブリティッシュ・カウンシルなどが共同で運営しているイギリス系の英語検定です。実は英語の実力がいちばんわかるのはこの筆記中心のIELTSだと言われていますし、国際的にもっとも通用するのもこのIELTSです。

それからアメリカに留学する場合にはTOEFL、TOEFL iBT。TOEFL iBTは1人1台のコンピュータを使用して解答していくインターネット型の試験です。TO

ＥＦＬを持っていても、イギリスでは使えないこともありますが、逆にＩＥＬＴＳを持っていれば確実にＴＯＥＦＬの替わりで使える。だからそういう意味でも、ＩＥＬＴＳを狙うのがベストだと思いますが、日本では採点ができる人が少ないために、あまり普及していません。浦高生はＩＥＬＴＳならばスコアで７・０ポイント、ＴＯＥＦＬ ｉＢＴならば１２０点満点中、１００点は取れるはずです。そのあたりを目標にするとよいでしょう。

ちなみに、いまちょっと英語は得意ではない、という人には、たとえばレイモンド・マーフィーという人が書いた「Essential Grammar in Use」という、ケンブリッジ大学出版部から出ているドリル式の文法書がお勧めです。これは高校１年生の夏ぐらいのレベルの英語力があれば十分対応できます。もう少しレベルを上げて英検の準１級クラス、そのぐらい英語が得意な人だったら「English Grammar in Use」というこのマーフィーの中級レベルの教科書があります。これが国際的によく使われている教科書です。こういうようなところに視野を広げて力をつけることを考えてもいいでしょう。

東大入試について

東京大学の入学試験についても触れておきます。もちろん東京大学にチャレンジする意味は大いにあると思います。とくに浦和高校に入ってきた生徒さんならば、システマティックにきちんとした勉強を実践していけば、誰もが東大に合格する可能性があります。なぜ「東大を狙ってみる意味がある」と私が言うかというと、まずは入試問題が、総合知を問うという意味で非常によくできています。だから、東大の入試に向けて勉強した経験というのは、その後の人生にとってほとんど無駄になりません。それぐらい非常によくできています。また、東大は入学した後もしっかり学生の知的欠損を補う講義をしてくれるという点でも優れた大学だと思います。

私は現役のときに東大の文Ⅱを受けて落ちています。ところが、外務省に入ってから、文部教官としての発令を受けて、1996年から2002年まで東大教養学部の後期教養課程で非常勤講師をしていました。この教養学部後期教養課程というのは法学部より難しい、東大でもかなり偏差値が高いところです。将来、外交官になるとか、そういった人たちが集まってくるところですね。そこに6年も従事していたので、東大の内情についてはそれなりに熟知しているつもりですが、なんといってもあの大学の凄いところは、東大生でも学力に欠損があるという現実を大学がよく理解しているんですね。それで、その欠損を補充するための講義、高校レベルの講義も行っているわけです。

たとえば、さきほど東大の理Ⅲの話をしましたよね。ご存じのように東大の理Ⅲからは医学部に進学して医者になる人が大半ですが、理Ⅲを受験する学生は物理や化学のほうが点が取りやすいから、物理・化学を選択する人がほぼ全員といってよい。物理は満点だって取れますからね。つまり生物をしっかり勉強しなかった学生が東大理Ⅲに入るケースが間々ある。しかし、将来お医者さんになる人が生物をよく知らないというのでは困ってしまうわけです。

それだから、東大では高校レベルの生物の講義が結構充実しています。歴史や倫理でも同様です。つまり、学生の知識を伸ばすためにしっかり心配りをしているわけです。

その意味において、東京大学というのは、学力が届けば、お勧めの大学の一つでありますし、あの大学に向けて入学試験の準備をしておくという行為は無駄にはならない。

率直に言って、高校3年生の時点で学内100番台まで入っていれば、浪人のときの勉強の仕方、工夫によっては東大合格の可能性はあると思います。過去の実績からみてもそうでしょう。ただし、かなりインテンシブに、毎日最低でも6〜7時間、休みの日は10時間ぐらい勉強しないとダメです。集中的に取り組むことが肝要なんです。

プライドは一回捨てる

ここで一つ重要なことを言っておきます。プライドは一回捨てないといけません。自分の知識の欠損がどこにあるかということをきちんと認めることができて、そこを埋めていかないとダメなんです。

最悪の勉強の仕方というのが、いわゆる赤本。あの赤本から過去問を過去5年分、10年分解きながら覚えていく——これは最悪の勉強法です。全然運用能力がつかない、意味のない勉強の仕方です。重要なのは、回り道のようでも、とにかく基礎固めをきちんとやることです。この基礎固めができるかどうかは、実は心理の要素がすごく大きいんですね。自分の知的欠損を把握することがその第一歩だからです。だから、ヘタなプライドはいったん捨てる。プライドはいったんカギ括弧の中に入れて閉じ込めておく。

浦和高校でテストの成績が学内200番台〜300番台の人はどうすべきか。この人たちの場合、とくに300番台の人は、ほぼ例外なく数学に大きなネックがあります。これを埋めるのにはそれなりに時間がかかります。そこはよく考えたほうがいい。それだから、数学が得意で英語と国語がダメだという特殊な例の人を除いては、私立文系を狙ったほうがいいと思います。ただし、何度も繰り返しますが数学がネックであっても数学を捨ててはいけませんよ。そして数学にネックがある場合には、その解消にはかなり時間がかかるのだということを、生徒のお母さん方はよく覚えておいてくださいね。子どものお尻を叩いて一生懸命やれといっても時間がどうしても必要なんです。

有名でなくても「良い大学」はある

さて、私が高校で一番悪い成績だったときは450人中300番台でした。この学校の成績がいまひとつである、そして、浪人してもどうも自分は受験勉強には体質が合わない——こういう生徒さんもいると思うんです。これは頭の善し悪しというよりも、受験というものに対する適性の問題でもあります。だから自分は受験に適性がない、でも大学できちんと勉強はしたいと思っていたら、それはまた別の方法があります。

知名度が高くないので、浦和高校からはあまり進学しないけれども、学内の教育体制がかなり充実している「良い大学」というのがいまは結構あるんです。

一例を挙げれば上越教育大学です。ここは筑波大学と並ぶぐらい、教育の専門家を養成する学校として優れています。国立大学なので授業料もさほど高くありません。それから、名古屋工業大学。ここも国立大学ですね。東京工業大学は有名だけども、浦和からはほとんど名古屋工業大学には進学していません。だいたい工業大学の学生は卒業するとそのまま大学院に進みますが、名工大を出た人はかなりの数が東京工業大学大学院に入っています。それぐらい中での教育がしっかりしているわけです。理科系で、就職がきちんとしていて、授業料が安いということで言えば、国立の電気通信大学もいい選択肢です。

それから、浦和高校から芸大への進学を希望している場合。だけれども、東京藝大にはなかなか手が届かない。そういう人は静岡文化芸術大学という選択肢があります。芸術系の公立大学ですが、非常に教育が充実している。私も客員招聘教授として講義をしていたことがありますが、良い大学だと思います。

外国語を一生懸命やりたい、外国に留学したい——沖縄の名護市に名桜大学という公立大学があります。この大学では、入学した時点で全員の学力をチェックして、英語や数学に欠損がある場合にはチューターをつけてレベルを上げるということをやっています。また、この大学は年間の学費が53万5800円ですが、アメリカやカナダの大学との無償での交換留学制度がたいへん整っています。外国に留学する際には、普通に入れば年間600万円ぐらいの学費がかかる北米の大学に2年間、53万5800円払えば留学できるわけです。就職も非常によくて、去年は東京都庁の上級職員に1人入りました。

これからの時代は学歴とか出身大学とかよりも、学んだ内容、何を学んだかで人生が決まるようになります。大学選びについても、とくに1年浪人したところで、自分の子どもの成績がいま一つ伸びない、しかし、先のキャリアにつながることを重視して考えるならば、まだまだ選択肢はいろいろあるわけです。

私立大学の「作問力」

私立大学を選ぶ際に気をつけるべき点は何でしょうか。これも受験産業界ではあまり言われていないことですが、業界用語で「作問力《さくもんりょく》」という言葉があります。簡単に言えば、その学校が入試の問題を作る能力のことです。中堅レベル以下の私大ですと、入試問題の作成を予備校に丸投げしているケースもあります（第4章参照）。

たとえば早稲田や慶應は、早稲田、慶應には落ちたけど東大に合格するという人が一定数います。上智もそうです。関西では、京大には合格したけど同志社は落ちたという人がたくさんいます。兵庫県の西宮にある関西学院大学——ここも偏差値が高い私立大学ですが、京大や阪大に合格したけど、関西学院大学に落ちる人がかなりいる。それは、先ほど言った「作問力」の問題になるわけです。

すなわち、私立大学の側が、第一志望の子にその大学に来てほしいために、滑り止めではなくて、きちんと事前に準備を積み重ねないと入れないような、そういう問題を作っている大学なんです。だからそういう私立大学には、志のある優秀な学生がたくさん入る。こういう、自分たちで問題を作る力がある大学がある一方で、たとえばセンター試験で比較的容易に合格できる私立大学がありますよね。そういった大学は、かなりの数の人、とくに成績上位者が不本意入学です。このへんもよく考えておいたほうがいいと思います。

もう一点、数学を忌避・迂回した形でいわゆる早稲田や慶應や上智に入っても、公務員試験には合格できません。公務員試験は、数的推理と判断推理が約4割を占めます。これは高校の1年生レベルの数学ですが、そこのレベルに達しない欠損があると、そこで足切りにかかってしまいます。その意味でも数学はやはり大切なんです。民間企業でも同じことが言えます。いま、一部上場のかなりの企業が、リクルート系列の会社が提供しているSPIという適性検査を試験に導入しています。このSPIは、公務員試験の教養よりは易しいけれども、中学校レベルの数学で欠損があると通りません。

お金はいくらぐらい必要か

私立大学への進学を検討している場合は、「お金」の問題についてもしっかり考えておくべきです。これから大学制度が変わっていくにつれて、文科系・理科系を問わず、大学院を修了する修士までのキャリアが必要とされるケースがますます増えていくでしょう。あるいは、私立・公立の如何を問わず、本格的な英語の習得にお金をかける時代になっていく可能性が高い。たとえば、私費でアメリカやイギリス、安く抑えたいならフィリピンの英語学校に行って実用英語を身につける必要が出てくるでしょう。

ちなみに、日本の国立大学や私立大学とアメリカの大学のあいだの交換留学というのは特殊な大学を除いてほとんど成立しません。なぜかというと、ハーバード大学の年間の授業料は７００万円。カリフォルニア大学のサンタバーバラ校が６００万円程度と言われています。日本の東京大学は53万５８００円。７００万円の授業料を払ってわざわざ53万５８００円の大学に留学したいと思う人は少ないでしょう。交換というのは、アメリカから１人来るから、日本から１人送り出せるわけで、こうした日米間の教育費用格差があって交換留学は非常に成立しにくくなっています。ただし、ある意味、それは日本の大学の授業料が比較的安いということでもあるんですね。

そういう事情も考慮すると、アメリカに留学するためには、特殊なケースを除いて私費の留学を考える必要があります。目の子勘定でいくと２０００万円ぐらいかかる。もちろんたいへんな金額のお金ですけれども、たとえばそれを自宅から少し遠い大学や、自宅から離れた大学に下宿するケースと比較してみるとどうなるか。

慶應の湘南藤沢キャンパス（ＳＦＣ）だと、浦和からならギリギリで通えなくはありませんが、あそこは宿題・課題が多いために、消化するには下宿の必要が出てきます。また、関西の関関同立に進学する場合には当然下宿することになります。これも目の子勘定で計算すると授業料と生活費と教科書・参考書代で、本気で勉強するならば書籍代だけでも年に10万〜20万円ぐらいかかる。さらに私費で英語の短期留学もさせたほうがいい。そう考えると年間300万円ぐらい用意しておく必要が出てきます。4年間で1200万円、6年間で1800万円。その程度を払える経済力がないと深刻な状況に陥るリスクがあります。

もちろん、奨学金を借りるという方法もあります。しかし、社会に出る前から少なくない借金を背負わせることが子どもにとって本当にプラスなのかという問題があります。ともかく、私立大学、地方の大学に進学させる際には親は経済状態についてきちんと把握しておかないと不本意な結果に終わる可能性がゼロではないということです。本来ならば、親の経済状態如何で子どもの進路の幅が制限されてしまうというのはとても良くないことなのですが。しかし、こういうことを受験産業の人は決して口にしません。だからこそ、皆さんがしっかり考えておくべきなんです。

「OB訪問」を積極的に活用

最後にもう一度強調しておきたいのは、浦高生の皆さんだけでなく、そのお父さん、お母さん方もしっかりと「最新の情報」にアップデートしておくべきだということです。

いま、世の中はたいへんな勢いで急速に変化しています。それだから、冒頭でも申し上げたように、お父さん、お母さんが頭の中に描いている「子どもにとっての理想像」が、いまの時代の大きな変化の中で必ずしも理想的なものかどうかわかりません。弁護士や公認会計士、医師がこれからも花形の職業であり続ける保障はどこにもないんです。

では、どうすればよいのか。私が勧めるのは現役の浦高生の「OB訪問」です。浦和高校の出身で、埼玉県庁で働いている人、大学の先生になった人、中央省庁の官僚になった人、金融機関で働いている人、メディアで働いている人、メーカー、物流で働いている人……いろいろなOBがいるでしょう。後輩が訪ねていったら丁寧に説明してくれますから。世代も、20代後半ぐらいの、仕事がだんだん面白くなってきたぐらいの人、40代ぐらいで管理職になっているような人、あるいは専門家としてずっとやってきた50代ぐらいの人といった具合に世代も少し刻んで、複数の人を訪ねていけばいいと思います。各界の最先端にいるＯＢと話をすれば、最新の情報が集まります。

ＯＢ訪問というと、成績優秀者しか行ってはいけない——そんな自制を働かせる必要はまったくありません。２００番台、３００番台の生徒もどんどん訪ねていけばいい。いま高校生の段階で多少成績が悪くたって、それはこれからの頑張り次第でいくらでも盛り返せます。そのために必要なのは、いろいろな先輩たち——高校時代の成績がそんなに良くなくても、社会の第一線で活躍している先輩——彼らは社会で活躍するノウハウを持っているはずですし、生徒たちは、そういう先輩をロールモデルとして目の当たりにするうちにやる気になってくるはずです。

浦高が持っているアセットを最大限に活用して皆さんのお子さんが幸せな人生を歩まれることを、そして、いまの社会にどこかの分野でしっかりと貢献できるようなお子さんに育つことを心から願っています。

第4章

対談 高校生活の極意
大学受験の極意

杉山剛士（浦和高等学校校長）×佐藤 優

朝の教室内での自習風景。放課後の部活動を終えた後も教室に戻って勉強に励む、「尚文昌武」を実行している生徒も多い。

＊本章は、2017年12月、2018年1月の二度にわたって行われた対談を再構成したものです。

「親の子離れ」は意外に難問？

杉山　佐藤さん、先日は本校ＰＴＡに向けたご講演をありがとうございました（第3章参照）。浦和高校の教育には生徒たちの将来を予見したＯＳが組み込まれている。これをしっかり身につけることで、どんな人生も生き抜いていける——こうお話しいただいたことに、保護者のみなさんは大変励まされたと思います。

佐藤　はい、その浦高のＯＳとはどんなものなのかを、さらに深掘りする形で杉山先生とこれからお話しさせていただこうと思うのですが……それがですね、私の講演なんですが、講演後のアンケートの結果を見ると、「大変よかった」がちょっと少ないんです。

杉山　えっ。

佐藤　「大変よかった」が75％、「よかった」が23％です。

杉山　いやいや、どこが少ないんですか。ものすごい満足度を表す数字だと思いますが。

佐藤　なんでも２０１６年度は「大変よかった」が94％だったそうで……。

杉山　94％とは驚異的ですね。２０１６年度の講演会では、やはり浦高のＯＢで、順天堂大学医学部の小林弘幸教授に「自律神経を整える方法」について教えていただき、聴衆がみな幸せでゆったりとした気持ちになったからなのかもしれません（笑）。

佐藤　私の講演を聴いたお母さんたちは、何となく嫌なことを言われたと感じたのかもしれません。私は「浦高生とお母さんとは強い絆があるんだから心配しなくていい」とお話ししたんですが、これは「子どもをお母さんの影響圏にいつまでとどめておくんですか、大事なのは親の子離れですよ」ということを婉曲《えんきょく》に言ったわけです。それがちゃんと伝わったんですね。

杉山　それは、心に響いたということではないでしょうか。

佐藤　お母さんの琴線に触れたか、もしくは逆鱗《げきりん》に触れたか（笑）。

杉山　開成学園の柳沢幸雄校長が、お母さん方に向けて「子どもを自分の自己実現の手段として見ないでほしい」とおっしゃっています。私もまったく同感で、親にいかにして子離れをさせるか、これこそが現在の学校にとっての最大の課題であると思います。だから、入学式のときに保護者のみなさんに一つだけお願いするんですよ。子どもたちはこれから何者にもなれる可能性があるけれども、まだ何者でもない。まさに今、成長していくというときに、手を差し伸べたいとか、いろいろ言いたいと思うときがあるかもしれないが、ぐっと我慢して見守ってくださいと。

佐藤　それは同時に子ども側である浦高生にとっての課題でもあるわけですね。高校の3年間で母親との距離をどういうふうにつけていくか。これは共学校であれば、いずれ校内恋愛が占めるウエートが大きくなっていくものですから、そこでお母さんと火花バシバシの戦いが起きるんです。母親にとって息子の恋人は強力なライバルですからね。お母さんが焼きもちを妬《や》いていることに気づくと、息子は母親から離れていく。しかし、建学以来の男子校である浦高生の場合はそれが起こりにくいから、いつまでも母親とべッタリの関係が続く。実際私は、お母さんと手をつないでいる生徒を目撃しましたからね(笑)。私の在校当時には考えられない光景に、思わず二度見してしまいました。

杉山　本当ですか？　ちょっとそれは信じられないですね。でも気骨のある生徒たちもたくさんいますよ。たとえば、県内のほとんどの公立高校にはエアコンが常備されていましたが、最近まで浦高にはエアコンがありませんでした。近年の異常な夏の暑さを踏まえ、2016年に導入することになったのですが、生徒へのアンケートではなんと3年生の半数以上が設置に反対だったんです。なかには校長室までやってきて私に直接談判した生徒もいた。「暑いなかでも浦高生は勉強してきた。エアコンなんか入れたら浦高魂がなくなる」というんです。エアコン導入によって本当に浦高魂がなくなるのか。この点を論点として議論は3時間以上続きました。

佐藤　甘えん坊ばかりではない。浦高には雑草魂のようなものがありましたが、そのあたりは受け継がれているのですね。

強歩大会で子どもの「追っかけ」

杉山　その一方で、おそらく昔と違うのは、たとえば体育祭などの学校行事ですね。お母さん方が応援にいらっしゃいます。

陪席の編集者（浦高OB）　は、母親が体育祭に来るんですか？

杉山　お母さんだけでなく、お父さんも大勢見えますよ。

佐藤　真剣にビデオを撮っているようですね。先日、何人ものお母さんが見せてくれましたもの。

杉山　全校生徒が参加する伝統の50キロ強歩大会は、コースとなる道路上の安全確保やチェックポイントでの飲み物の用意をはじめ、保護者のみなさまのご協力があるからこそ長年続いてきたわけですが、そういったお手伝いには参加されず、ゴールの茨城県古河市まで車でずっと追っかけていくお母さんもいます。

佐藤　かつて、親がこっそり自分の子どもを車に乗せて次のチェックポイントの手前で降ろしたことが露見し、大問題になったことがありましたけど。

杉山　そうでしたか。それは初めて聞きました。さすがに、最近はそんなことは起きていません。ご承知のとおり、強歩大会が近づくと学校としても体育の授業で走り込んで本番に備えさせていますが、それだけではなく、生徒たちは自主的に学校の周りをひたすら走ってトレーニングします。その結果、２０１７年度は7割を超える生徒が制限時間の7時間以内にゴールしました。２０１６年度は実に8割がゴールしたんですよ。生徒はそこから足を引きずって電車に乗って帰る。本来はそこまでが浦高の教育であるわけですが、追っかけのお母さんが子どもをピックアップして帰っちゃうこともあるようです。

佐藤　最近、大学でものすごく嫌がられているのが「ヘリコプター・ペアレント」の出現です。子どもの上をずっと旋回していて、何か少しでも子どもにとって危険があるとなるとバタバタバタと降りてくる。気をつけないと、浦高生のお母さんたちもヘリコプター・ペアレントになる可能性がありますね。来年からは追っかけてもいいから、最後はわが子が古河から電車で帰るのを黙って見守ってほしいです。それも教育ですから。

面倒見のいい医科大学

杉山　浦高では今でも三者面談は実施していません。いまはどこの学校でもやっているのですが、保護者と生徒と先生という構図ですと、学校側は保護者に配慮しなければならなくなるわけですよね。生徒はやはり自分の人生を自分でしっかり切り拓いていかなければならないということで、生徒は本当にやりたいこと、進みたい途があるなら、自分の口で親や先生にしっかり言うという、そういう場面をつくらなければいけない。だから基本は二者面談です。クラス担任は、少なくとも年に5回は生徒と面談します。同時に、担任と保護者のコミュニケーションもよく取るようにしています。懇談会や手作りの進路説明会も行って情報の共有化を図っています。三者面談というシチュエーションは、場合によっては子どもの自立する力を損ねてしまうんです。しかし今日では、大学でも面倒見のよさをアピールするために三者面談を行ったり、親に向けた就職説明会を開催したりする流れになってしまったと聞いています。

佐藤　三者面談や親の就職説明会を行っている大学は、総じて学生の「生きる力」が弱いですね。東大や早慶ではそういうことをやらないでしょう。高校でそれを〝やらない〟というのも浦高の優れたＯＳの一つですね。

杉山　そういえば先日の講演会終了後、お母さん方が佐藤さんにいろいろと相談されたと聞きました。

佐藤　「うちの息子は模試の成績がこんな感じなんですが、どうでしょうか」と、お一人ずつからそんな話を伺いました。

杉山　まさに、それは二者面談ですね。どんなお話だったんでしょうか。

佐藤　たとえば、３年生の息子を国立大の医学部に入れたいけれど模試の結果がＥ判定だというお母さん。入試で奇跡は起こりませんから、３年生、つまり卒業間近の12月の段階でＥ判定では合格するのは不可能だということをはっきり言いました。また、国立ではなく、お父さんに何とか4000万円を用意してもらって私大に入れるという方法もありますよ、という話もしました。本当に医師になりたいのであれば、川崎医大や聖マリアンナ大という選択肢もあります。どちらの大学も国家試験に向けた指導が丁寧で、合格率が高いのが特徴です。同じ私大でも某大学の場合は丁寧な指導ができずにすぐに留年させるから、卒業・国家試験合格まで1億円ほど用意しておく必要があるけれども、川崎医大や聖マリアンナだったら4000万円ぐらいで大丈夫ですよ、と、こういうかなり具体的な話をしました。

杉山　普通では知り得ない具体的な情報です。

佐藤　生徒たちから相談されることもあるので、日頃から医者の友人たちから話を聞いて情報収集し、よく調べるようにしています。何だか、生徒が歳の離れた弟のように思えて。

杉山　ありがたいことです。

作問力のある大学＝教育熱心な大学

佐藤　子どもの教育に関して不安があるというときは、状況を解析し、どこに問題があるのかを推測する、いわば一種のアブダクション（ある事柄を最も適切に説明できる仮説を導くための論理的な推論。仮説形成とも言う）の発想が必要なんですよ。その不安が学校に起因しているのか、子どもの学力に起因しているのか、家庭の教育環境に起因しているのか、あるいは受験産業の過剰な情報に起因しているのかということを分析すれば、私にも処方箋が出せるんですよね。

杉山　なるほど、佐藤さんは面談したお母さんから情報を聞き出し、瞬時に分析して問題を定義したわけですね。そして解決策まで提示する。まさに、インテリジェンスですね。

佐藤　情報を収集して分析するのは私の癖になっているんですね。外務省国際情報局で主任分析官をやっていましたから。それでそのときの、お母さんたちとの対話で如実に表れたのは、親たちの国立大学、とくに旧帝大志向ですね。先ほどのE判定でも国立大学の医学部に入れたいというお母さんもそうですし、「旧帝大がいい」とはっきり言うお母さんもいました。浦高は昔から旧帝大志向が強い傾向にありましたが、いまもあまり変わっていないようですね。

杉山　国立大学を志望しているというのは学費の問題もあるし、浦高の教育が科目をしぼらずに、国立の5教科型の入試に対応しているということもあると思います。

佐藤 しかし、大学のほうは昔と違っている。実はここ20年ぐらいの間に急速に旧帝大の中での差が広がっているんです。その現実をお母さんたちは知らない。

差が広がっているということは、国家公務員試験の結果を見るとわかります。九州大、北海道大からは中央官庁に昔ほどは入ってこなくなりました。一方、いままで入ってこなかった私大の専修大が国家公務員の総合職や司法試験の合格者を輩出しています。それは、東京の私立大学に知が集まってきているからなんですね。

私は現在、同志社大学と名桜大学（沖縄県名護市）で講義を持っていまして、いろいろ内に入ってお手伝いしているので大学の側の論理も理解できるのですが、たとえば同志社大学では入試問題をつくることに非常に力を入れています。業界では「作問力」という、私立大学ではこの力がはっきりと問われるんですね。同志社の作問力とは、京大に合格したのに同志社は落ちたという人を何人つくるかということです。つまり、オリジナルの問題をしっかりとつくって、同志社に向けた受験対策が不可欠な形にするわけです。京大を落ちたから不本意ながら同志社に入学したという人が増えると大学が沈滞してしまうので、入学者の上位集団に同志社が第一志望だったという人が一定数いるようにする。同じように、早稲田や慶應の作問力とは、東大に合格したのに早稲田、慶應に落ちたという人を何人つくるかということです。

作問のプロに聞くと、作問力を持っている私立大学は早稲田、慶應、上智、同志社、関西学院だそうです。逆に結構名前が知られた大学でも、あるところは作問を大手予備校に委託している。1科目200万円というので、そんな安いのかと驚いたことがあります。センター試験にかなり依存している私大もありますよね。センターから1人数千円程度と格安でデータの提供を受けられる。と同時に、1人につき3万~3万5000円程度の受験料が入ってくるわけですから、差益を考えればボロ儲けです。これは私立大学にとっては麻薬のようなものだということでした。

杉山　とても残念です。「作問力」は、高校教育においてもとても重要だと思います。大学は、大学のいわば根幹部分といえるものを外部に依存していては、本来の大学教育は行えないんじゃないでしょうか。「作問力」については講演会でもお話しになっていましたが、お母さん方は初めて聞く言葉だったと思います。私大の入試についても、興味を持たれたのではないでしょうか。

佐藤　はい。私大の受験についてとくにお母さんたちに強調したかったのは、東大受験の勉強さえしておけば早慶にも合格できるとか、あるいは早慶が東北大の滑り止めになると思っていると、大変なことになりますよ、ということです。

作問の観点で見ていくと、早慶の場合は特殊な問題が出ます。たとえば、早稲田の政経学部の世界史の入試問題。教科書の本文からは出ません。挿入されている図表か、地図か、脚注からの出題が大半です。これは、早稲田に入るために重箱の隅をつつくような勉強をしてきたかどうかを試している。あるいは、上智大学の経済学部ではなぜ擬古文が出題されるか。これは、上智では上智の経済学部に入るためにわざわざ追加的な勉強をしてきた学生を求めている、ということなんです。私大が第一志望の場合は、その私大に入るための対策が不可欠になります。それだから、入試問題をちゃんと見ておかないと、滑り止めになる大学とならない大学を間違えてしまいますよ――一人ひとりとこういう話をしていたものですから、講演後は2時間近く教室に残っていました。

杉山　ありがとうございました。佐藤さんから直々に、広い視野、高い視点からのアドバイスをいただけて、いろいろお考えになられたのではないでしょうか。

2種類の母親のタイプ

佐藤　そうなんですよ。お母さんたちが言うには、塾や予備校からはそういうアドバイスが得られない。「おたくのお子さんはこういう判定ですが、過去の例を見ると、こうすればもう一段上の大学に入れますよ」という話ばかりで、私が聞きたいのはそういうことじゃない、息子が幸せになるかどうかなんだというんですね。

杉山　まさにそこがポイントです。私も保護者のみなさんにお話ししているのは、「お子さんにとっての本当の幸せ」を考えてくださいということなんです。自分のためにやったことが人のためになり、人のためにやったことが自分の喜びになる。そんな「自利」と「利他」が融合した状態が本当の幸せだと思うのですが、ただ、幸せの形は人によって、つまり、生徒一人ひとり違う。ところが、商業ベースに乗った多くの塾ではもっぱら偏差値ランキングを使った指導で、生徒一人ひとりの適性まで見てくれるわけではありません。それでも、保護者の皆さんには、子どもが小中学校のうちから塾が発信する情報がどんどん入ってくるわけです。私の自宅にも、毎月のように首都圏大手の塾が作成したチラシが新聞の折り込み広告で入るのですが、「小学校時代からこの塾で勉強して、最近人気の中高一貫校に入って、さらに東大に入ることができました」という合格者の声を掲載しています。（実際にチラシを見せながら）こういうチラシを眺めているうちに、保護者の皆さんは塾に行かせないとまずいんじゃないか、情報が得られないんじゃないかという空気になってしまうようです。

佐藤　でも、このチラシをよく見ると、掲載されているのは東大の理Ⅱと文Ⅲの合格者だけですね。法学部に進む文Ⅰや医学部に進む理Ⅲの合格者は紹介されていない。これは象徴的で、要するにこの塾も学校も、先生がおっしゃるように生徒一人ひとりの適性を見ずに、ただ東大の一番入りやすいところを受けさせているということが露呈しているわけですね。

杉山　たまたま理Ⅱと文Ⅲの合格者の声が載ったのかもしれませんが、なるほど、そういうメカニズムですか。

佐藤　親のほうにも教育の実態を知らずに、「東大へ行け」「とにかく偏差値の高いところへ行け」という人がいますからね。

お母さんたちとお話しして、もうひとつ分析できたことがあります。誤解を恐れずに言うと、お母さんの学歴と教育方針との関係です。これは浦高だけの事例ではありませんが、一般に難関大学出身のお母さんは、受験で子どもを甘やかす傾向がある。それは、自分自身が難関大学に入るまでのプロセスが大変だったのに、社会に出た後で、それが必ずしもプラスになっていると思えない、とくに東大卒のお母さんがそう感じていました。勉強で無理をさせても幸せになれない。だから、子どもには「そこそこでいい」と、チャレンジさせない。行けるところで小さくまとめようということで、これでは子どもの可能性を伸ばし切れないことになってしまいます。

一方、自分は大学を出ていないとか、あまり勉強が得意ではなかったと、学力の面、教育の面では恵まれた環境になかったというお母さんは、私は女だからまだいいけれど、男で教育が足りなかったためにスペックが悪いということになると、その先の人生がかなり厳しいことになるのではと思っている。だから、子どもの将来の幸せのためには難関大学に入れておきたいと考える。

どちらのお母さんもとても真面目だからこそそう考えるのですが、両方とも問題だと思うんです。その中間ぐらいでうまくバランスをとってほしいんですけど。

杉山　先ほどもお話ししましたが、子どもを自分の自己実現の手段として見ないでほしいということですね。

佐藤　本当にそうです。でも、浦高生に将来就きたい職業をたずねると、彼らは相変わらず、医師、弁護士、公認会計士と答える。これは子ども自身ではなく親の希望、あるいは親の考えに影響されているのだと思います。いまの医師・弁護士・公認会計士は昔と違ってそこまで安定した職業ではありません。そこが昔とは決定的に違います。子どもへの影響力が大きい以上、お母さんも世間の「職業」に関する情報をアップデートしておく必要があります。

父親の立場は？

杉山　そういえば、お父さんの存在については、どうお考えですか。

佐藤　お父さんは、聞いてみると、それどころじゃない。いまの父親たちは、会社や役所で仕事でパンパンになっている。だから子どもの教育に関しては、「お前がちゃんとやってくれよ」ということで、お母さんはお父さんからの全権委任を受けている。それだから、お母さんはプレッシャーを非常に強く感じてもいるんですね。

杉山 ああ、確かにそうかもしれません。これは浦高に限ったことではありませんが、いまはお母さんたちに現役志向が強いんですよ。「受験浪人はさせたくない」と。どうして現役でなければならないのか理由を聞くと、まず、経済的な要因だと言います。もう一つは、浪人したら就職に不利ですよね、と言うんですよ。高校生の進路選択について研究している教育社会学者の濱中淳子先生（東京大学高大接続研究開発センター教授）と日本の「現役圧力」についてよくお話しするんですが、単に経済的な要因だけでは説明し切れない、時代的な要因が出てきているのではないかということです。佐藤さんが講演でおっしゃったようにいまは不確実な時代ですから、結局、早く安定しなければいけないのではないかという思い込みが、親御さんの間でとても大きくなっているのではないでしょうか。そして小さいころから塾漬けの子どもたちのほうも大学入学の段階で息切れしている。

浦高のOB会に顔を出してみると、OBのなかには現役浦高生のお父さんたちもいて、「社会を見ても、企業を見ても、浪人したから不利になるということはまったくないし、むしろ、浪人して多少の挫折をしてきたほうが人間的には大きくなれるのでは」という見方をする父親が多いんです。では、そういったことを家庭では話さないのかと聞くと、「いや、家庭では子どもの教育のイニシアチブは全部妻が握っている」という話になりやすい。ですから、社会の第一線で働くお父さんたちの考え方というのが、なかなかお母さんたちには伝わっていないようにも感じます。

佐藤 でも、仮にある父親が「自分は受験浪人をしたことで人間的には成長できたぞ。だから浪人するリスクはあまり気にするな」ということを自分の子どもに対してポジティブに家庭で話したとしても、「でも、あなた、役員になってないわよね」という母親のひと言で黙ってしまうことになる(笑)。

3浪は生涯収入で5000万円のマイナス

杉山 私は教育の世界で育ってきているのでピンと来ないところもあるのですが、出世圧力というのは厳しいんでしょうね。

佐藤　強いと思います。ある意味では、入試に似たような競争が40代まで続きます。業績競争ですね。ようやく出世圧力から解放されるのは50代に入ってからで、それまでなかなか情報を収集してお母さんや子どもと将来についてじっくり話すという余裕はないんですよ。

講演会でも触れましたが、浪人したから就職や出世に不利になるということはまったくないです。お父さんが言うとおりですよ。ただし、1浪までです。それと、受験生本人には絶対に「1浪でもいいわよ」と言ってはいけない。最初から1浪ＯＫと思って受験勉強していると、ほぼ確実に2浪することになります。お母さんたちにも言ったんですが、2浪以上になった場合には、どうして2年遅れたか、そこをきちんと説明できないとダメ。なぜなら、採用する側から見ると、2浪、つまり同じ大学を目標にして入学までに3年かかったということは、同じことをやるのに時間が3倍かかる、仕事が遅いということにしかならない。実際、外務省でも2浪、3浪している人は仕事が遅い傾向にありました。

もし3年遅れるとなると、3年分の収入が減るということにもなります。しかも、退職時から3年分ということになりますから、若いときより金額が大きい。退職金も勤続年数が反映して少なくなります。合わせてざっと5000万〜6000万円のマイナスですよ。

杉山　天皇陛下の心臓バイパス手術を執刀した順天堂医院院長の天野篤先生（浦高OB）も在校生への講演で明確に言い切りました。浪人するのはけっこうだが1浪まで。どうしても医学部に入りたいという場合は2浪が限界で、それ以上は意味がないと。

佐藤　3浪した天野先生がそうおっしゃったところに意味があります。天野先生の3浪は理由がきちんと説明できるから問題ないんです。医学部進学をなかなか本気で考えられずに回り道していたが、3年目に進学の志がはっきりし、発奮して頑張って日大医学部に入った。その後、研鑽《けんさん》を積んですばらしい成果も挙げています。

校長先生の「教員浪人」時代

杉山　実は、私も大学受験では1浪し、就職のときも正式に教員になったのは1年遅れなんです。

佐藤　そうでしたか。杉山先生は東大の教育学部から東大大学院の教育学研究科に進まれていますが、そもそも東大教育学部出身の教員はどれぐらいいるものなんでしょう。

杉山 ほとんどいないですね。研究者になる人と、あとは企業に入る人ばかりです。

佐藤 そういう意味では、先生はユニークな選択をされたんですね。

杉山 私は当初、ジャーナリストになりたいと思っていたのですが、教育の現場でボランティアをしたりしているうちに、教員になろうと考えるようになったんです。

佐藤 ちなみに修士論文は何について書かれたんですか。

杉山 「子どもの道徳性の発達と地域の教育力」というテーマでした。

佐藤 いまのお仕事と大学院での研究が結び付いているわけですね。

杉山 そうですね。しかし、大学院を修了して埼玉県の教員採用試験には受かったものの、いつまでたっても採用の連絡がなかった。あれ？　と思って県の教育局に「採用がないんですけど」と問い合わせに出かけたんです。すると担当者が申し訳なさそうに、「名簿に登載されても必ず採用されるわけではないんだよ。今回は退職者数を読み違えて、君の分まで採用がなかったんだ」と言う。試験に通れば教員になれると思っていた私もずいぶんのんびりしていたというか、おめでたかったですよね。「君は、埼玉の学校にゆかりがあるのか」「縁もゆかりもありません」「それではなかなか採用されるのは難しいよ。それでも教員をやりたいのか」「はい、やりたいです」というやり取りがあって、結局、臨時任用の講師を1年間務めることになり、翌年は名簿に登載された有効期限が切れたために、もう一度採用試験を受けました。そうしてようやく教員になることができたのです。

佐藤　国家公務員試験と同じです。名簿には載っても採用されなければ、また試験からやり直しです。それにしても先生、交渉力がありますね。普通、学生がそこまで交渉にいかないですよね。

杉山　いったいどうしたのかなと聞きに行ったら、極めてレアケースだったために丁寧に説明をしてくれたということだと思いますよ。

佐藤　東大の教育出身を落とすというのは、ずいぶんな話ですからね。

杉山　逆に、なんで東大の教育で大学院まで出ているのに、現場の先生になるんだということだったそうです。警戒された面もあったようです。

佐藤　特殊な思想を持っているか、逮捕歴でもあるんじゃないかと（笑）。

杉山　そうそう（笑）。

佐藤　私は逮捕歴ありですけどね（笑）。

杉山　……………。

できる生徒の力を1ランク上げる本

佐藤　２０１５年の麗和セミナー（ＯＢによる在校生に向けた講演会。第１章参照）の講師を務めたことをきっかけに、私は何人かの生徒とも直接やり取りをしています。

杉山　「エリートの条件について考える」というテーマでした。とくに、受験勉強を馬鹿にしてはいけないというお話が大変印象に残っています。受験勉強は大学に入るためだけのものではなく、むしろ入学後の大学の授業で、さらには将来社会に出てからも必要な知識が身につくものだというもので、とても説得力のあるお話でした。

佐藤　当時2年生だったA君もよく聴いてくれていて、私の「自分の欠損箇所をよく見て、それを埋めていけ」という言葉が突き刺さったようです。A君は当初は、親に言われて理系を志望していたが数学に難があり、浪人することになったがどうにも勉強の仕方がわからなくなって相談しにきました。聞けば青チャート（『チャート式基礎からの数学』）の問題を片っ端から覚える、つまり例題を山のように覚えるという勉強の仕方をしていた。

杉山　最近の生徒によく見られる勉強法です。丸暗記という手法は中学校時代からやっていて、これだけ勉強したからいいだろう、これを暗記したからいいだろうという、そういうスタイルが学びというものだと叩き込まれているんです。

佐藤　受験産業がそういう風潮を作ってしまったんだと思います。率直に言って、埼玉県の高校入試問題はそれで対応できてしまう。だから、総合マネジメント能力が、埼玉の公立高校の入試では養われない。何度も繰り返し言っていることですが、灘や開成の入試は、総合マネジメント能力を持たないと突破できない問題が揃っています。

浦高生には暗記ではない勉強の仕方に気づく生徒と気づかない生徒がいて、気づかない生徒に学力の遅れがあるようです。そこでA君には1冊の本を渡しました。『東大の数学入試問題を楽しむ　数学のクラシック鑑賞』（日本評論社）です。この本には出題する側から、東大の入試問題はどのあたりを狙って出しているのかということが書かれている。A君のように数学で困っている生徒は多いのですが、これは浦高生だったら読んでも理解できるはずです。A君も入試では「何」が問われるのかがよくわかったと、それから成績も徐々に上がり、数学がむしろ得意科目になったそうです。

杉山　なるほど。受験生とは逆の作問の立場としては何を考えているのかということがわかる。東大を受験する生徒にぜひ読ませたいですね。

佐藤　はい、こういった隠れた良書は、実はたくさんあります。たとえば、私大の文系志望であっても数Ⅲはやっておくべきだということを如実に教えてくれるのが、『大学基礎数学　キャンパス・ゼミ』(マセマ)です。つまり、高校で数学をサボると大学に入ってからどれぐらい大変なことになるかということがよくわかる。東大や東工大でもよく売れている本です。

杉山　序文に、「大学数学を学習するのに必要な基礎力が欠けている」「1週間もあれば十分」とありますね。微積、線形代数、統計学……これもおもしろそうな本ですね。

佐藤　浦高生たちに1～2年生のうちに数学へのインセンティブを与えるために、大学に入ると文科系でもここまでは求められるよ、だから数Ⅲまでやらないといけないんだよ、受験だけではなくその先でも数学の素養がないと困るよということを教えてくれる、大変説得力のある本だと思います。

同じように、東大ではどのような英語を教えているのかということがよくわかるのが、『東京大学　教養英語本Ⅰ』（東京大学出版会）です。実際に英語圏で読まれている教養書から抽出された文章で編んであります。アイヒマン裁判の項目とか、映画になって評判を呼んだ哲学者のハンナ・アーレントとかが出てきて、ただ読むだけでもおもしろい。練習問題もついていて、簡単な単語でもこの文脈においてはどう訳せばいいかと、思考力も鍛えられます。英語をあまりやっていない生徒には、大学ではこういう文章を読むのだ、これが大学だ、だから今のうちに英語をやっておかないといけないという動機づけになると思います。

杉山　大学ではこのレベルが求められるということを生徒に見せることができますね。社会のさまざまな課題も網羅されているし、生徒だけではなく教員も読んでおきたいです。浦高では今、ゼミ形式の授業を取り入れているのですが、そこで私自身がこのテキストを使った授業をやりたくなってきたくらいです。

心の不調への対処法

佐藤　やはり麗和セミナー以降、ずっと交流を続けているB君も浪人中です。昨年夏頃から「なんとなく不安があって眠れない、受験勉強も手につかない」と訴えてきました。誰にも相談できずに苦しかったようです。

杉山　そんな深刻な相談にも乗っていただいたんですか。

佐藤　鬱は発症してしまったら大変で、発症する前に何らかの手を打たなければいけないですから。手の打ち方はケース・バイ・ケース、一人ひとり違うわけですが、B君は素直なタイプでした。そこで私がアドバイスしたのは、とにかくメンタルクリニック・精神科に行って、いまの状況を話せということです。B君は少し抵抗があったようですが、メンタルクリニックに行くというのを〝自分の弱さ〟ととらえてはいけない。親に「精神科なんかに行くな」と言われても、インフルエンザになったときに医者に行かずに頑張る人はいないわけで、それと同じだから絶対に行け。そして私も時々使っているある睡眠薬を処方してもらえ、処方してもらった瞬間にガラッと変わるぞ——と、そんな話をしました。
というのも、メンタルクリニックに行って専門家のアドバイスをもらった上で、何かあったときでもこの薬さえ持っていれば大丈夫なんだと思えることで、それだけで脱構築されてしまう。私は外務省時代に、山ほどそういう事例を見ています。

杉山　なるほど……。

佐藤　B君は「予備校にある『心の相談室』ではダメでしょうか」と言いましたが、それではダメだとはっきり言いました。つまり、「予備校の『心の相談室』というのは予備校が雇い主であって、いかにして授業料を払ってくれる顧客を離さずにおくか、いかに一人でも多く東大に合格させるかという観点でモノを見ている。誰がお金を払っているかということを見ないと本質は見えない。その点、あなたが医者にお金を払えばあなたが依頼主になる。だから、あなたがお金を払うところに行かないとダメなんだよ」とアドバイスしました。

杉山　誰が雇っているのかを重視する。なるほど、すごく大事なことですよね。

佐藤　しかも、保険がきくので、払うのは500円ぐらいなんです。ただし、内科の一部である「心療内科」ではなく、心の病気を専門に扱う「精神科」に行かないとダメです。街中には、あまり臨床体験もないのに「心療内科」の看板をかけているところがたくさんありますから。

ともあれ、受験で苦しんでいる若者をたくさん相手にしているようなメンタルクリニックに行けば一発で問題は解決するからと言うと、B君は行く気になったものの、今度は「そういうクリニックは、どうやって探せばいいんですか」と訊いてきました。

杉山 そうですね、精神科はなかなか日頃から行っているわけではないでしょうからね。

佐藤 私は予備校そばのメンタルクリニックを勧めました。予備校生が多いはずですから。誰か知り合いに見られるのが嫌だったら、若者が多い秋葉原のメンタルクリニックがいい。臨床経験の多そうな医師がいるところに行くといい。大学病院は研修医が診察することがあるからダメだよ、と。

B君は早速、秋葉原のクリニックに行ったようです。しばらくして「先輩が言ったとおりでした」という嬉しい連絡がありましたよ。私が勧めた睡眠薬を処方してもらって。ただし、彼はまだ1錠も飲んでいないそうです。「どうしても眠れないときには、その錠剤を半分に割って飲めばカチッと眠れると、お医者さんも言うし、先輩も言った。それを聞いた途端に、眠れないという状態がなくなってしまった」と言うのです。その後、勉強にも打ち込めるようになって、模試で東大の文ⅠにＡ判定が出たというから、この春、入ってくれるのではないかと思っています。

杉山 本当にありがとうございます。心から感謝します。

佐藤流の受験アドバイス

佐藤 私の時代の浦高では理系への進学が多かったんですが、いまも変わりませんか。

杉山 そうですね。例年、医学部も含めて理系の進学のほうが多いです。たとえば東大の場合、２０１７年度に入学した31人のうち20人が理系です。

佐藤 Ａ君、Ｂ君と同様、やはり私が相談に乗っているＣ君も理系を志望していました。数学が得意だったし、周りも理系志望が多かったので自然にそうなったのだそうです。ただ、彼は本当は東大の文系や東京外語大に惹かれている。現役の時はそんな迷いを抱えながら理系を受験したせいか、合格できなかった。その後も文系の大学のほうが興味があるという思いは揺るがないようなので、私はC君には文転（文系の受験に転じる）を勧めました。予備校については、完全にわかる科目は時間の無駄だから受けないでいい。科目を絞るようにアドバイスしたところ、C君は自分で考え、英語と国語だけを受講し、あとは浦高時代と同じようにひたすら自習しました。

その結果、全国模試で2回続けて東大文Ⅰの A判定を取れたので今年は文Ⅰでいけると思うのですが、万が一のときも2浪はさせられません。私もいろいろな大学の赤本を買ってきて過去問を見比べ、どこが東大の受験勉強と類似性があるかを調べました。しかも彼は得意とする数学で文系を受験したい。なかなか難問だったのですが探せばあるもので、慶應の商学部と早稲田の教育学部の出題傾向が東大の準備でそのまま通用する。だから併願するのはそこだと。そんな話をして、いま、非常にいい調子に上がってきていますよ。

杉山　合格者発表の3月10日が待ち遠しいですね。

佐藤　そうなんです。また、２０１６年度のことですが、「東大を受けない」という選択をした例もあります。D君は大学で理学を学びたいという強い希望があり、東大の理Ⅰを狙っていたのですが、なかなか合格圏内に入れず疲れ切っていたんです。もう自分には無理なので志望校を東北大かどこか地方の大学に変えようとしていました。よくよく話を聞いてみると、そんなに東大にこだわっているわけではなく、とにかく理学を勉強したい。そうやって話していてよくわかったのですが、D君は非常にコミュニケーション能力が高いんです。プレゼンが上手だし、面接でウケもいいでしょう。それだから、東京工業大学でも第1類で理学が学べるのでAO入試を考えてみたらどうかと提案したんです。

いやあ、うれしかったですね。2017年2月の合格発表当日、「東工大にAOで合格しました」とD君からメールが届きました。私は後輩たちが求めているアドバイスに、それは間違えてはいけませんから、一人ひとり真剣に、ていねいに対応していきます。そうすると、彼らも確実に結果を出してくれるんですね。

杉山 ありがとうございます。私も目下浪人中の2017年度の卒業生全員に激励のハガキを送りました。「人との比較ではない。昨日の自分を超えていけ」と。合格の報せがくると本当にうれしいです。

佐藤 杉山先生、面倒見がいいですね。

杉山　浦高では教員のほうにも伝統があって、「生徒を励まそう」という文化なんですね。浦高生にそこまでする必要があるのかと言われることもあるのですが、励ますことは大切です。

佐藤　そうですね。生徒たちの承認欲求をよく理解されているんですね。とくに、自分が尊敬している先生からは承認してほしい。あるいは、部活の先輩から承認してほしいと願っている。その辺の心理は役人と一緒です。役所では、いい上司というのは部下を褒めるんです。もっとも、昔は「褒める」だけでなく「叱る」ということも大切だったんですが、いまは叱るのは難しいですね。パワハラとか言われちゃいますから。だからいまの役所では、「褒める」か「うんと褒める」かのどちらかです（笑）。

杉山　なるほど。私たち教員も生徒を「うんと褒める」のですよ。そうして声かけをされた生徒の表情を見ると、誰しも認められたいんだなあと実感するんです。でも、佐藤メンタルクリニックの力にはかないません（笑）。

予備校の徹底活用法

佐藤　メンタルクリニックにうまい使い方があるのと同じように、予備校のうまい使い方というのもありますね。営利企業である以上、受験産業は確かに教育の世界にとってかなりの弊害があります。しかし、受験産業はテクニックとノウハウは持っているのですから敵視するのではなく、うまく使うんです。

先ほどから模試のA判定を一つの判断規準にしてきたエピソードをいくつか話してきましたが、予備校の模試は使えます。どこの予備校でも全国模試の判定表というのがあり、模試の成績で志望校に合格できるかどうかを、通常はAからEの5段階などで判定されるわけですが、たいていは、どこの予備校でもA判定であれば合格の可能性は80%、E判定だと20%以下となっています。しかし、これは間違っています。

たとえばE判定だった場合、20%ぐらい受かる可能性があるのではないかという見方は間違っています。私は生徒やお母さんたちに「E判定は可能性ゼロ」とはっきり言います。C判定、D判定は予備校によって確率の数字が多少違い、C判定ならば可能性50%だったり40%だったりしますが、いずれにしろC判定、D判定だったら「受けてはダメ」。これが本当の判断規準です。

杉山　浦高の現役生の場合は違いますね。Ｅ判定だったのに最後にグンと伸びて合格を果たす生徒も本当に多いです。部活動など濃密な浦高生活でなかなか時間が足りなかったのが、終盤に受験勉強で集中力を発揮する。これを浦高マジックと呼んでいます。でも浪人生の場合は、佐藤さんがおっしゃるように考えていくことが必要ですね。だから「Ｅ判定」も「いい判定」と笑い飛ばしてチャレンジしていきます。

佐藤　はい。これには根拠があるんです。某有名予備校の本校に通っていた生徒から聞いたのですが、東大文科志望者はＡクラスとＢクラスとがあり、Ａクラスは１５０人中、東大に合格したのは50人、Ｂクラスは２５０人いて合格したのは２人だけだったそうです。Ｂクラスというのは主にＣ判定の生徒たちです。ですから、Ｃ判定でも合格の可能性は50％でも40％でもなく、実際は１％だと見るべきなんです。

もっとも、模試の成績は上がったり下がったりするわけです。では、いつ見分けるか。その時期は、浪人になって本格的に勉強を始めてから間もない「６月」です。最初はＥ判定だったとしても、６月の模試でＤに上がっていれば、努力の成果の曲線が動き始めているということだから、それは最終的に合格ラインのところまで到達する可能性がある。6月でもEのままだったら、その時点で志望校を変える必要があります。

杉山　3年生が卒業する前に、いま伺ったお話を伝えます。これから浪人生活がスタートするという生徒がかなりいるわけです。いわば捲土重来組《けんどちょうらいぐみ》ですね。3月に卒業して、6月なんてすぐにやってくる。そこで志望校を変えざるを得ないかもしれない。そこまでに模試の成績を上げられるかどうかが勝負だから、捲土重来組は頑張ってほしいと活を入れます。

高3までずっと低空飛行だったけれど、浪人した途端に模試の成績がグッと上がるケースがよくあるんです。実は、私自身もそうでした。でも、それは上の層がみんな大学に入っていなくなったからにすぎないので、だからそこで安心するんじゃないぞ、と(笑)。

佐藤　そうなんですよ。秋あたりから、今度は現役の連中がグッと上位に上がってきますから、うかうかできないんです。現役のときは、大学は受けたいところを受ければいい。夢は大きく持ったほうがいいから、そこで小さくまとめちゃったらダメだと思うんです。でも、夢が叶わなかったとき、入試が終わった、落ちた、高校卒業した、ああ疲れた、少し休もうというのではいけませんね。すぐに受験勉強に集中する。それが浪人生にとっての最初の、そして最も大事な受験の極意です。

杉山　浪人は1浪まで。そこを肝に銘じて。

通塾率1割！　浦高生が塾に通わない理由

佐藤　浦高生は塾に行きませんね。通塾率はおよそ1割とのことですが……。

杉山　通年で通っているというのは1割を切ると思います。ただ、塾の自習室を利用するだけというケースもありますので、卒業時に調査すると、夏休み、冬休みなどの長期休暇中も含めて一度でも利用したという生徒は例年、3割程度です。5割近くが利用したという年もあるにはありましたが、ほかの学校から見るととてつもなく低い率です。全体的には通塾率が非常に上がっているのがいまの高校教育の実態ですから、浦高は希有な例でしょう。

佐藤　塾に行く理由を、生徒やお母さんにいろいろ聞いてみると、「東大志望の生徒が、東大受験に特化したプログラムが組まれている予備校を利用する」場合と、「保護者が国公立の医学部に入れたいと思っているのに浦高の英語と数学の授業についていけないという生徒が通わされている」場合と、その2つのケースがあるようです。

後者はあまり成果が上がらないと思います。それは、学校と切り離したところでの教育プログラムが組み立てられているために、学校に来ている時間が全部無駄になっている。これでは学校に対するフラストレーション、予備校に対するフラストレーションがダブルでたまってしまいます。ただ、そういう予備校は、概して親に対するケアはいいんですよ。親に対しては「医学部現役合格」という幻想を持たせるのがうまい。

杉山 そもそも浦高生の場合、塾に通っている暇はないです。部活、委員会の活動、スポーツのクラスマッチやクイズ大会ほか、日常的に何かしら開催されているイベント、その準備、そして授業の予習復習。授業は8時40分から15時5分までですが、朝早くから夜遅くまで一日中、学校にいる生徒も少なくないですから。正式な授業以外の時間に教室や図書室で自習する生徒が多いのです。

佐藤 本当にいつ来ても生徒がいますね。正月三箇日に来ていた生徒もいたらしいです。私もある夜、校内を見せてもらったのですが、部活動を終えた生徒がまだ教室に残っていた。おしゃべりをしているのではなく、自分の席で静かに自習しています。バスケットボール部の1年生がトレーナーのまま、数Ⅲの参考書を読んでいたので「ああ、こういう子がいれば浦高もまだまだ大丈夫だな」と嬉しくなりました。

杉山　早い生徒は朝7時ごろから来て黙々と自習していますよ。私は毎朝7時半に全教室を回って教卓を拭くのを日課にしているので、教室のピーンとはりつめた空気に感動すら覚えることもあります。夜は少し空気が変わります。部活動を終えた後に、お互いに教え合ったり、ときに談笑したりしながら勉強しています。先日もセンター試験の直前、放課後に3年生が自習しているようだったので、ひとつ激励しようと教室を回ったところ、大勢の生徒が残っていました。250人ほどいたと思います。多くの進学校で、授業中でも塾の勉強をする生徒が多いとか、寝ている生徒が多いとかを聞くのですが、浦高は違いますね。眠くなるとその場で立っている生徒もいます。

授業だけで受験は大丈夫。これこそが浦高のモットーです。

佐藤　それは受験刑務所型の進学校へのアンチテーゼでもありますね。

杉山　昔からブレずにそのモットーでやっているだけなのですが、いま、世の中には「教育」を語る人が溢れています。これは私がかつて秘書としてお仕えした稲葉喜徳《よしのり》元埼玉県教育長から教わったことなのですが、教育自体を「目的」として語っている人と、教育を政治や金儲けなどの「手段」として語っている人がいると思うのです。私は教育を「目的」として語れる人でありたいし、もちろん、浦高教育は「目的」として語れる教育だと思います。

佐藤 そうですね。２０１５年に慶應義塾大学の中室牧子先生の『「学力」の経済学』（ディスカヴァー・トゥエンティワン）がベストセラーになった。子どもを投資対象として考え、投資のタイミングとリターンを説いているんですよね。どうも教育が「手段」として語られる方向に流されてしまっている。手段としてゴリゴリ勉強させられるから、日本ではほとんどの学生が勉強嫌いになって大学に入ってくるんですよ。しかし今回、浦高生たちや浦高の卒業生たちといろいろ話して頼もしいなと思ったのは、彼らは勉強嫌いになっていないんですね。高校の教育がきちんと活きているとわかります。

杉山 いま、教育に関する意識の高い方たちからは浦高教育に関心が寄せられ、中高一貫校の中等部に入れたけど高校からは浦高に入れたいという問い合わせや小学生の保護者の方からの問い合わせが増えています。

佐藤　そういえば、浦高生が小学生に教えるということもやっているんですね。

杉山　生徒が先生になって「浦高生による小学生スポーツ教室」もやっていますし、「冬休み特別教室」では多面体の折り紙を教えたり、小学生と一緒に星空の観察、化学実験をしたりしています。いつも盛況で、私も毎年楽しみにしているんですよ。

追試も補習もあります

佐藤　浦高で昔と変わった部分というところでは、単位制の導入がありますね。具体的にどういうことですか。単位を落とした場合はどうなるのでしょうか。

杉山　浦高流の単位制ということなので、一応単位制という仕組みはとっていますけれども、単位が取れなくてもそのまま仮進級できます。

佐藤　単位制という形で脅しているわけですか（笑）。

杉山　そういうわけではありませんよ（笑）。単位制というのは、単位制にすることによって科目を選択することになりますから、少人数の授業が可能になります。そのため教員も増えましたから、よりきめ細かな指導ができています。英語でも数学でも理科でも社会科でも、小規模のサイズでの演習や対話を数多くとり入れた授業になりますから、生徒の学力に応じて柔軟に対応できるんです。

佐藤 それはいいですね。浦高生にとっての一番の難関とは1年生の夏休みです。それまでは中学校でトップクラスだった生徒でも、1学期にいきなり真ん中以下の成績に下がったりする。それですっかりやる気をなくしてしまい、夏休みをのんべんだらりと過ごしたり、勉強はもうぶん投げたりするとなると、2学期以降はかなりキツくなってくるんですね。そういう生徒たちの指導はどうしていますか。

杉山 授業は単元ごとにやっていますので、まず、そこで落ちこぼれを出さないようにという基本ラインがベースにあります。それが達成できなかったら、再テストとか再々テストの形でベーシックをしっかり積み上げていきます。それでもなかなかついていけないという場合は、特別に補習する形でケアします。そういう二重のケアです。

佐藤 追試があるんですか。

杉山 あります。

佐藤 私の時代には追試はありませんでした。浦高の一番の特徴というのは、やっぱりカリキュラムですか。

杉山　まず、カリキュラムがありますよね。つまり、教養主義という伝統に則って幅広に学んでいくという。文系でも基本的には数Ⅲの内容まで学ばせます。理系も歴史、公民などの文系科目を幅広くやりますし、卒業後には親元を離れる生徒も少なくありませんから、すぐに自立した生活ができるように家庭科も卒業前の3年次に必修でやりますよ。佐藤さん、物理はどうでしたか。

佐藤　実験をやってレポートをしょっちゅう提出させられて。

杉山　それそれ。いまも変わりません。物理のレポートは「物レポ」というんですよね。生徒たちは年間20本の物レポを書いています。

原理原則がわかっていないとどうなるか

佐藤　思い出しました！　私は物理が逃げ回るほど嫌いで、2を取ったこともあります。しかも一部の実験器具は自分で手作りしなければならなかったし。

杉山　それもいまでもやっています。実験室には先輩たちが使った実験器具がたくさん残っています。大正時代の器具もありますよ。

佐藤　物理でも何でも原理原則はわかっていなければいけませんね。公務員試験には微分法が必ず出ます。でも、ある有名な受験参考書には「冪数《べきすう》を前に出して掛け算をして、そこから1を引けば答えが出る。なぜそうなるか、原理は知らなくていい」といったことが書いてあるんです。無線工学を知らなくても携帯電話のマニュアルがあれば携帯を使いこなせるでしょう、という理屈ですね。

外務省時代の不可思議な経験を思い出しました。私が勤務していた頃のモスクワの日本大使館には特製の「盗聴防止部屋」がありました。天井・壁・床がすべてアクリルでできた透明な部屋で、雑音テープというのを大音量で流していた。秘密のミーティングなどに使われていたのですが、あるとき私がこの部屋にラジオを持ち込んだところ、放送が普通に聴けた。つまり、電子的に遮蔽されていなかったわけです。慌てて上司に「この部屋は安全とは言えません」と報告すると、すごく怒られました。「若造の分際で、本省の専門家たちが設計したものに意見をするとはどういう了見だ」とね。

怖いなと思ったわけですよ。この上司は東大出の外交官でしたが、電波が入るということは、すなわち盗聴できるということだという基本中の基本知識がないんじゃないか。これはどこかで勉強嫌いになっていて、しかも、権威による説得にも慣れてしまっているので、合理的な思考ができなくなっているということですよね。社会に出るとそういう事例が多いんですよ。ちなみに、私はその部屋は絶対使わなかったけれど幹部たちは使っていた。その部屋で話されていたことはすべて、ソ連側に筒抜けだったと思います。

最後に役立つのは「総合知」

杉山　いわゆる原理原則を知らずして、効率的なところだけ勉強していると、間違いを戻せないというか、とんでもない事態に陥ってしまうことになる可能性がありますよね。ただテストに出るから覚えさせるというのではなくて、しっかり考えさせる。残念ながら、ほとんどの学校でそういう授業が次第に減っていったんですよね。原理原則を考えさせる教育。それがないと、日本が針路を大きく間違えてしまう局面があるかもしれない。

佐藤　全国の学校で縮小しているのは、美術や音楽といった実技科目も同じですよね。

杉山　まさにそのとおりです。浦高には美術・音楽以外に「工芸」という、木材を使った選択科目があります。一部の生徒が作った作品は職人芸の域に達しています。

佐藤　工芸はまず、自分の道具箱を作らされるんでしたっけ。

杉山　それもいまも変わらないです。

佐藤　そういえば、今日も冬休みだというのに、工芸室で1年生が板と格闘していました。道具箱を作っていたんだな。

杉山　早くから受験科目だけに授業を特化させる進学校が多いなか、浦高ではこのようにすべてやらせる。これが最大の特徴ですね。ですから生徒はとにかく忙しい。塾に行っている暇はないわけです。しかし、このように何でもやるというカリキュラムは、幅広い教養をつけるためのまさにOSであり、将来、社会で活躍するために必要だから用意しているんですね。もっとも、幅広い教養を身につけさせることは、高校の本来のミッションであるはずなんですけども。

佐藤　それこそまさに、総合的な教養の礎、すなわち総合知ですね。3年間で総合知を身につけるというシステムを放棄した学校も多いなか、浦高生たちはいまは忙しくて大変でしょうが、いずれ気づく日が来るんです。自分には総合知が身についていること、それが必ず人生で役立っていることに。

非合理なものにこそ意味がある

杉山　浦高の特徴をもう一点付け加えると、全校生徒が参加する行事の多さがあります。佐藤さんもよくご存じのとおり、入学するとまず、10キロの新入生歓迎マラソンがあります。1年生が最初にスタートしますが、上級生が見せつけるように追い抜いていく。実際、見せつけているんですが（笑）。先輩が後輩を抜くことで浦高の先輩として範を示す。

佐藤　またの名を新入生虐待マラソン（笑）。

杉山　7月の臨海学校。6月から泳力を測定し、カナヅチの新入生もいるのですが、恒例の早朝補習によって臨海学校に行く頃には一人残らず泳げるようになっています。泳力に応じて30分泳ぎっぱなしの小遠泳、あるいは2キロの遠泳に挑戦し、見事に全生徒が達成します。2017年は、車イスの生徒も小遠泳にチャレンジし、上半身だけを使って見事に泳ぎ切りました。

佐藤　新任の教員も同じように鍛えられるんですよね。

杉山　そうです。教員は生徒の水泳指導をしなければならないので、泳げない教員も特訓を受け、本当に不思議なんですが毎年、教員も含めて全員泳げるようになるんですね。これが長年の伝統です。そして何と言っても11月の古河強歩ですね。7時間以内に茨城県古河までの約50キロを走破しなくてはいけない。先ほどお話ししましたとおり、毎年7〜8割の生徒がこの過酷な条件をクリアしています。でも、表彰も閉会式もなく流れ解散。

佐藤　到着順位が書かれたカードしか残らない。

杉山　他者との比較ではなく、「昨日までの自分を超えていく」というのが目標なんです。私は毎年、校門前でスタートの号砲を撃つとゴールの古河に駆けつけて、生徒一人ひとりを出迎えます。これは大急ぎで移動するんです。なにしろ、先頭の生徒は3時間半からずに到着しますから。そして7時間という制限時間を過ぎても、直前の関門を通過できた生徒たちはとにかく完走しようと仲間と励まし合いながら走ってくる。この姿には、本当によく頑張ったなと目頭が熱くなるんです。このように、浦高には「少年を本気にさせるさまざまな仕掛け」が用意されているわけです。

佐藤　先生の仕掛けの話で、イギリスの思想家エドマンド・バークを思い出しました。

保守主義の父といわれる人で、フランス革命について考察、批判しているのですが、バークによれば「左翼」は理性によって理想的な社会が構築できると考える。フランスで展開された構築主義的な発想ですよね。そういう意味では、予備校というのは構築主義ですね。

一方、「右翼」は、人間には偏見があり、偏見は理性より勝ると考える。いくら議論しても一つの結論にはならない。したがって、多元性が必要となってくるし、真理は複数あると考えます。絶対に正しいことは複数ある。それから、教会であるとか、王であるとか、伝統というのは非合理であっても、存続しているところに――中世の格言である「有限は無限を知ることができない」という意味からも――存続していること自体に意味がある。だからそこは尊重したほうがいいという、それが非認知能力と関係すると思うんですよ。

浦高行事というのも、一見すると非合理のように見えるのですが、これは最終的には、非合理なものが不条理を防いでいくという機能なのではないでしょうか。

「嘘をつかない」は大事なこと

杉山　非合理が不条理を防ぐ。なるほど。浦高は非合理というか、無駄だとか無理なことをやっていると言う人がいますよね。でも、その無駄や無理というものが、実は長い人生で生きてくる。よく「一見遠回りに見える道が一番の近道なのだ」ということも言われるのですが、私はそのとおりだと思いますね。実は公立の伝統校では一晩中歩いたり、真冬に寒稽古を行ったりと、非合理に見える行事はけっこう例があります。やはりその非合理な行事にも何らかの効果があるということを伝統校では理解・体得しているのだと思います。

佐藤　そうですね。だから、そういった伝統校というのは、世相に合わせて受験刑務所型の学校に変えるような愚かなことはしない。

杉山　ただ、受験産業とのせめぎ合いで、結局、昼間は非合理型の学校へ通っていても、夜は塾に行って生活をするようなスタイルも出てきています。

佐藤　それは確かにそうですね。ある国立の有名進学校では、生徒に富裕層の家庭の子弟が多く、ほぼみんなが家庭教師をつけていると聞きました。学校では自分が勉強している姿を友達には見せたくない、ガリ勉は軽蔑されるというところに生徒たちのアイデンティティがあると。

杉山　浦高は正反対です。センター試験も近い3学期の始業式に、私が「正々！」と叫ぶと、生徒たちが「堂々！」と応えてくれました。つまり、正々堂々、皆で一緒に受験しようぜと。

佐藤　そう、嘘つきを嫌う校風ですね。嘘をつかないというのは、社会に出て大変な財産になります。信用を得ますから。

話を戻しますが、浦高の学校行事が非常に多いということは、たとえば外交官になっても、国会議員の便宜供与とか、国会答弁とか、面倒な仕事が山ほどあるわけですよ。しかし、これはやらないといけない。その残りの時間で、本来の仕事である政策の企画立案をしないといけないわけですね。与件の中での総合マネジメント能力が問われる。その力をつける上において、浦高の体験知があることは圧倒的な強さになります。

杉山　おっしゃるとおり、大人になるといろいろなことを同時並行でこなさなければならない。浦高生活は忙しいけれど、その時々の優先順位をつけてうまくこなしていくタイムマネジメント能力が鍛えられます。確かに、高校時代に何をしていたのかという、それが後になって花が開いていくというか、わかってくるという部分がありますよね。よく、「見えない学力」と言いますけれども。私は「10年後、20年後に伸びていく力」と呼んでいますが。

佐藤　総合マネジメント能力ということではもう一つ、たとえば現役で志望校に合格せずに1年浪人した場合でも、自分には何らかの欠損があって、勉強が足りなかったということをふりかえることができるというのは、これもまた決してムダではないんですね。将来、企業に入っても、官庁に入っても、常に競争がありますから、そのときに、冷静に自分の置かれた状況と原因を見るということが高校時代のときにできていると、先につながると思います。

格差社会に負けない公立高校の役割

佐藤　実は、非常に気になっていたのが経済格差の問題なんです。私の在学当時は、浦高生の保護者は比較的富裕層に属していました。いま、浦高生やお母さんと話していると、経済力がバラバラな印象を受けます。これが私立の中高一貫校との大きな違いだと思うんですよ。

経済的に決して豊かとは言えない家庭の子どもが少なくないのは、公立の高偏差値学校の一つの特徴で、私は、この特徴こそ大切にしないといけない面だと強く思います。そういった子どもたちに、いかに引け目を感じさせずに、教育を授けることで社会的な上昇の機会をつくるかという、これは浦和高校の大きなテーマじゃないかなと思うんですね。

杉山　私の見立てもそのとおりです。昭和の時代は、浦高生の親には確かに比較的経済的に豊かな層が多かった。平成に入ったあたりから、いろいろな地殻変動が起こったのは事実だと思います。具体的に言うと、少子化という背景や受験産業・メディアの情報発信の影響もあって中高一貫校という選択肢がかなり出てきたので、経済的に豊かな層が子どもをそちらに入れるようになってきたわけです。

いま、年収910万円以下の家庭には「就学支援金」という授業料支援の制度があるのですが、埼玉県の高校では平均で82％の生徒がこれを受給しているとのことです。浦高の場合は52％ほどなので、比較的少ないとも言えますが、それでも過半数を超えています。また、全校で数十人は非課税世帯、つまり生活保護世帯を含む家計の苦しい世帯の子どもがいます。そういった子どもたちのしっかりした受け皿にもなっているんです。

佐藤　何%ぐらいですか。

杉山　全校の約4%です。教育の達成というのは、その経済背景に影響されるのは事実です。立場上、入学金の減免申請などの書類を読むわけですが、そんないまの時代にあって、それぞれの親御さんも、そして生徒自身も本当によく浦高入学まで頑張ってきたなあと、心を揺さぶられるのです。浦高にたどり着いた子どもたちを伸ばし、次のステージに送り出すための仕組みは揃えてありますし、なによりこの学校には、「みんなで頑張ってやろうぜ」という伝統校ならではの校風があります。実際、公立高校では珍しい、同窓会による自前の奨学金財団もあるので、どんどんケンブリッジやオックスフォードをはじめとする海外の大学にも行っています。グローバルに活躍する人材の育成のために、経済的に厳しい家庭の子どもであっても何の引け目もなく、海外の大学のサマーセミナーに参加したり、海外の大学に進学したりする。公立高からのそういうルートをつくっていることをとても誇らしく思います。

佐藤　確かに、それは非常に重要な点です。

杉山　多様性という観点からも、浦高のような公立高校は存在意義があると思っています。たとえば、均質の子が集まりやすい私立とは違って、中学校段階も含め、公立の学校にはいろんな子がいるわけですよね。勉強ができたりできなかったり、豊かだったり貧しかったり。そんななかで学ぶものがある。21世紀に入って国内でも世界でも格差が拡大している。教育というのは非常に重要な手段なので、経済的に豊かな層は教育を通して自己の目的を達成していきます。ただ、同質的な生徒が集まった学校、また最近では塾さえも指定校制度を採っているところがあり、そのために生徒が均質になっているところも少なくないということで、そのような環境で多様性をあまり感じないまま育っていくことが本当にいいのかどうか。これからの時代は、育った環境も価値観も異なる多様な人々と協働して物事を成し遂げていく力が求められるはずですから。

そしてもうひとつは、ただ与えるだけの教育でいいのだろうか。先生が教えてしまうのは簡単ですが、敢えて教えない。生徒たちに考えさせ、主体的に学ばせる。浦高ではそれを「自走する生徒集団づくり」と呼んでいます。経済的な問題だけでなく、そういった理念的な問題でも浦高はひとつの解決策のモデルになれるのではないかと思っているのです。

時代が浦高に追いついてきた

佐藤　2020年から大学入試センター試験に代わり、大学入学共通テストが始まりますね。2017年11月に行われたプレテストの「現代社会」をやってみたんです。とくに、成年年齢を18歳に引き下げた場合のデータ分析があって、おもしろいけどこれを読み解くのは難しいだろうと思いました。だから平均点はかなり下がるでしょうね。でも、すごくいい試験問題だと思いました。

杉山　一部の報道では「今の授業じゃ解けない」「面食らう生徒、対策に悩む教員」といった類の見出しが躍り、何か不安を煽っているような論調もありましたが、佐藤さんの評価は高いですね。

佐藤　「今の授業じゃ解けない」「面食らう生徒」というのは、先ほど先生がおっしゃった「教育を手段と考える」人たちがそうなんでしょうね。「教育を目的として考える」のであれば、国際水準での知識をつけるという方向性がよく出ていた、いい問題です。

そもそも文部科学省がやることと、大学入試センターがやることには、何でも難癖をつけたがる風潮があるんですよ。2018年度のセンター試験にムーミンが出たら非難囂々《ごうごう》でしたね。社会通念上の常識の範囲内の出題ですから、まったく問題ない。叩かれるような話ではないです。

プレテストは上位校向けで難し過ぎるという批判がありますが、これは大学教育というものを勘違いしています。大学教育で必要とされるものはどういうものかということを大学は求めていかないといけないわけですから。

杉山　多くの高校や塾では新しい大学入学共通テストのための対応をどうすればいいかということに関心が集まっているようですが、大切なのはそこではない。いま、高校教育改革と大学教育改革と大学入試改革を一体的に行うという高大接続改革が進行しているわけで、大学入学共通テストの導入はその一環です。ですから最も大切なのは、なぜこのような高大接続改革が進んでいるのかという本質的な問題です。そこさえ理解していれば、戸惑ったり右往左往したりする必要はないわけです。

ではなぜいま、高大接続改革なのか。それは、人口が著しく減少し、ＡＩが発達し、環境問題が深刻化し、さらに国際情勢が緊迫化することで、これからさまざまな課題に直面することになる。従来の「決まった正解に早くたどり着く」力だけでは対応できないという強い危機感があるからです。これからは獲得した知識をもとに思考力・判断力・表現力を働かせ、文科省の言葉を借りれば、「主体的に多様な他者と協働する力」「正解ではなく納得解を作りあげる力」が求められます。

佐藤　浦高ではとっくに取り組んでいた教育ですね。

杉山　そうなんです。ようやく時代が浦高に追いついてきたと思っています。大学入試改革に対しても、私たちは教育の王道を正々堂々と歩んでいけばいい。生徒たちにもそう話しました。すると、ひとりの生徒が校長室に来て言うんですよ。「浦高というのは、時代が追いついてきたら、さらにその先を行って絶えず進化を続ける必要がある。浦高生の進化すべき部分は、校長先生はどういうところだと思いますか」と。

佐藤　実に頼もしいですね。

杉山　ですから議論しましたよ。彼自身は、浦高生には海外との交流とか、地域創生とか、その辺りの発信力というものが弱いのではないか、進化させるならそこだと考えていた。驚きました。私も全く同じ思いを日ごろから持っていましたので。こういう生徒をしっかりリーダーとして育てる使命があると、あらためて思ったのです。

エリートには責任も伴う

杉山　浦和高校が掲げている学校のミッションはずっと変わりません。〈尚文昌武の理念のもと、時代の求めるリーダーを育成する〉です。尚文昌武とは第2代校長の藤井宣正の造語で、「文を尚《たっと》び、武を昌《さか》んにす」、つまり文武両道です。リーダー育成を真っ正面から掲げているんです。

佐藤　私はロシアに行って初めて「エリート」という言葉を普通に使えるようになったんですけれども、ロシア語ではエリートというのは、日本のように嫌らしい響きがないんですよね。それは、人間は群れをつくる動物だから、そこには指導的な部分が存在するのは当たり前という意識です。そのとおりだと思いました。

浦高はきちんとエリート教育をやっていくと同時に、ノーブレスオブリージュ（権力や社会的地位の保持に伴う責任）を持たせる必要があります。エリートたるものは特別な責任も持つのだという、これは裏と表の関係なのですが、その感覚が持てない人間はエリートの資格がない——これをたたき込まなければいけませんね。

杉山　強く共感します。与えられた力は社会のために使って還元しなければなりません。それを浦高では、「世界のどこかを支える人間になれ」という言い方をしています。いざというときに、周りの人から「お前しかいないんだよ」と言われるように、知識・技術や専門性を身につけるだけでなく、人間力を持った人になれということです。ＯＢの若田光一さんのように宇宙まで行ってもいいし、この地球の隅々で活躍するもよし、この埼玉・浦和に根を張って頑張るのもいい。

佐藤　そうですね、地元への貢献も大変大事な果たすべき責任です。たとえば先ほど話題に出ましたが、浦高同窓会は現役の後輩たちのための奨学財団を２０１３年に設立しました。同窓会による奨学財団は、全国初でしたね。

杉山　こうした海外留学を後押しする公益奨学財団の仕掛けは他になかったと思います。「高校留学　同窓会が後押し」と全国紙が伝えましたが、当時の同窓会会長でＯＢの川野幸夫さん（ヤオコー会長）が音頭をとられたんです。

佐藤　実は先日、川野さんにお目にかかっていきさつを伺ったんですよ。ヤオコーの株の配当を教育の基金にするという画期的な方法を採られている。国税当局と何度も詰めたそうですね。

杉山　川野さんはまず自分が率先してやらなければならないと、ご自分の株を寄付されたんですね。それとOBのみなさんからの浄財で成り立っています。みなさんのノーブレスオブリージュの意識の高さと実行力の賜物です。

佐藤　同窓会は金を出すけど口を出さない。それはどうしてなのか、川野さんの生い立ち、世界観を聞いて初めて納得しました。川野さんは埼玉県小川町の出身で、東大法学部を卒業後、家業の小売店を継ぐためにまず、魚屋で働き、魚をさばくところから始めたそうですね。そして埼玉県内に根付いたスーパーマーケットの一大チェーンをつくり上げた。その過程で、稼いだお金は人材育成、後進のために使うという強い信念を持たれたんですね。

杉山　お金の活きた使い方を考えているんですね。「日本にはお金の稼ぎ方は知っている人は大勢いるけど、使い方を知っている人は本当にいないですよ」とおっしゃっていました。若いころにお子さんを病気で亡くすという辛い経験もされていて、小児医療を志す人の奨学財団も設立されたんですよ。

佐藤 それを伺って、私もたとえ少額でも貢献しなければならないと思いました。彼に続く形で、同窓の後輩たち、現役の後輩たちもノーブレスオブリージュ、頑張らなければ。

杉山 自分が「世界のどこかを支えるんだ」という自覚と気概を持つ。それには困難な状況でもそれを乗り越えていく「タフさ」と、他者の痛みに共感できる「優しさ」を兼ね備える人間に育てなければならない。その点、佐藤さんこそいろいろ逆境を乗り越えてきたり、また、日本社会の弱い立場の人のため、あるいは次の世代のために尽力したり、浦高の「タフさ」と「優しさ」を具現化したキャリアモデルとして、私は佐藤さんの存在をありがたく思っています。

佐藤 そんな大した人間ではないのですが、でも校長先生にうんと褒めていただいてうれしいです。私も密かにですが承認欲求はあります。それが満たされました(笑)。

おわりに

2018年1月22日――関東地方が大雪に見舞われたこの日、私は、埼玉県さいたま市内の浦和高校内に併設された同窓会館で40年前の自分と再会していた。

1978年の卒業アルバムには、確かにあの頃の私がいた。Vネックのセーターに長髪の、高校3年生の私がカメラに向かってかすかに微笑んでいる。高校時代の私は新聞部、文芸部、応援団ほか5つの部活を掛け持ちしていた。2年生までは、応援団で重さ60キロほどの、校章が染め抜かれた巨大な団旗を掲げていたこともある。

応援団よりも精力的に打ち込んでいたのが新聞部だった。それまでの浦高新聞は新聞の体裁をとらないB5判のタイプ印刷の小冊子だったが、私が社青同(日本社会主義青年同盟)と多少の関係があった縁で、当時、東京・三宅坂にあった社会党本部の印刷所と交渉し、活版印刷・ブランケット判4ページの新聞にリニューアルした記憶がある。1977年10月1日付の「浦高新聞」には、〈狭山裁判上告棄却に思う〉〈中央アジア紀行〉など、私が書いた記事もいくつか並んでいるが、2面では〈高校生は現在何をすべきか〉という題目で、当時、埼玉大学経済学部助教授だった鎌倉孝夫先生と、私を含む新聞部員3名で座談会を行っている。本文でも述べたとおり、鎌倉先生は宇野弘蔵学派に属する資本論研究の大家で、社会党左派の主要なイデオローグでもあった。

鎌倉先生と私のやりとりなどを中心に当時の文章からいくつか抜粋してみたい。

〈**佐藤**　まずは、大学のことについて少しお話ししていただけませんか。

鎌倉　最近大学に入って来た若い学生を見ると、非常にまじめですね。けれども就職するのに何が有利かっていう形で科目を選んで、それを一生懸命勉強するんですけどね。〉

〈**鎌倉**　そういう中で何をやっていいかわからない学生が多い。結局、就職するためには最も優を取り易い科目を選ぶっていうかな。（略）で、そういう人間が大量に作られてさ、それがまた企業の中にぱっと押し込まれていくわけでしょ。（略）そうすると要するにこの社会がどういう仕組みからなっているとかね、そういう中で自分が一体どういう立場にいるのかとかね、そういうことがまったくわからなくなってしまう。（略）それこそ企業から人間一生死ぬまでね、ずっと管理された機構っていうのが続いちゃっている。その機構について、まったく批判しないで、しないで暮らせば、だいたい一定のところまで行きますよね。

佐藤　行きますね。〉

〈**鎌倉**　今、資本主義のそういう管理された機構っていうのは、だんだん行詰りって言うか、どこへ行っても閉ざされて来ているっていうことね。袋小路になっているっていうことなんだよね。だから変わらなければ、変えなければ今、生きていくことも非常にむずかしくなるっていう状態がね、はっきり言って出てきているわけよ。〉

この座談会、最終的には「一部の少数エリートが世の中の頂点に立って変革していくのではなく、働く者や学生・高校生らが、それぞれ自分の置かれている社会的な立場を出発点として団結していくことが重要なのだという結論で終わっている。結論こそ少々観念的になってはいるものの、座談会のテーマも鎌倉先生の現状認識も、40年を経たいまでも少しも色あせるところがない。

同窓会館の中でこの座談会の記事に40年ぶりに目を通しながら、あらためて考えた。高校時代に良き師にめぐまれること。人生や社会について友人たちと徹底的に議論を交わすこと。そして、そのために必要な基礎的知識や教養をしっかりと学んでおくこと。こうした貴重な経験を高校時代にしっかり積んでおいたことが、間違いなくその後の私の人生の大きな糧となり、危機を打開するための「人生力」となっている。

社会に出て何度かピンチに陥るたびに、私は浦高で培った「力」に助けられたのだ——そんなことを思いながら、雪がようやく落ち着き始めたなかを、帰路のタクシーに乗り込んだ。

2018年1月

佐藤 優

N.D.C. 370　205p　18cm
ISBN978-4-06-288470-9

講談社現代新書　2470

埼玉《さいたま》県立《けんりつ》浦和《うらわ》高校《こうこう》　人生力《じんせいりょく》を伸《の》ばす浦高《うらこう》の極意《ごくい》

二〇一八年三月二〇日第一刷発行　二〇一八年三月二九日第二刷発行

著　者　佐藤《さとう》優《まさる》　杉山《すぎやま》剛士《たけし》

発行者　渡瀬昌彦

発行所　株式会社講談社
東京都文京区音羽二丁目一二―二一　郵便番号一一二―八〇〇一

電　話　〇三―五三九五―三五二一　編集（現代新書）
〇三―五三九五―四四一五　販売
〇三―五三九五―三六一五　業務

装幀者　中島英樹

印刷所　凸版印刷株式会社

製本所　株式会社国宝社

定価はカバーに表示してあります　Printed in Japan

「講談社現代新書」の刊行にあたって

教養は万人が身をもって養い創造すべきものであって、一部の専門家の占有物として、ただ一方的に人々の手もとに配布され伝達されうるものではありません。

しかし、不幸にしてわが国の現状では、教養の重要な養いとなるべき書物は、ほとんど講壇からの天下りや単なる解説に終始し、知識技術を真剣に希求する青少年・学生・一般民衆の根本的な疑問や興味は、けっして十分に答えられ、解きほぐされ、手引きされることがありません。万人の内奥から発した真正の教養への芽ばえが、こうして放置され、むなしく滅びさる運命にゆだねられているのです。

このことは、中・高校だけで教育をおわる人々の成長をはばんでいるだけでなく、大学に進んだり、インテリと目されたりする人々の精神力の健康さえもむしばみ、わが国の文化の実質をまことに脆弱なものにしています。単なる博識以上の根強い思索力・判断力、および確かな技術にささえられた教養を必要とする日本の将来にとって、これは真剣に憂慮されなければならない事態であるといわなければなりません。

わたしたちの「講談社現代新書」は、この事態の克服を意図して計画されたものです。これによってわたしたちは、講壇からの天下りでもなく、単なる解説書でもない、もっぱら万人の魂に生ずる初発的かつ根本的な問題をとらえ、掘り起こし、手引きし、しかも最新の知識への展望を万人に確立させる書物を、新しく世の中に送り出したいと念願しています。

わたしたちは、創業以来民衆を対象とする啓蒙の仕事に専心してきた講談社にとって、これこそもっともふさわしい課題であり、伝統ある出版社としての義務でもあると考えているのです。

一九六四年四月　野間省一